首都圏版⑨　**最新入試に対応！ 家庭学習に最適の問題集!!**

青山学院初等部

2020・2021 年度過去問題を掲載

目黒星美学園小学校

2020・2021 年度過去問題を掲載

2022 年度版 過去問題集

<問題集の効果的な使い方>

①お子さまの学習を始める前に、まずは保護者の方が「入試問題」の傾向や難しさを確認・把握します。その際、すべての「学習のポイント」にも目を通しましょう。

②入試に必要なさまざまな分野学習を先に行い、基礎学力を養ってください。

③学力の定着が窺えたら「過去問題」にチャレンジ!

④お子さまの得意・苦手が分かったら、さらに分野学習をすすめレベルアップを図りましょう!

合格のための問題集

青山学院初等部

お話の記憶	お話の記憶問題集 中級編
言語	Ｊｒ・ウォッチャー 17「言葉の音遊び」
図形	Ｊｒ・ウォッチャー 53「四方からの観察 積み木編」
常識	Ｊｒ・ウォッチャー 56「マナーとルール」
行動観察	新ノンペーパーテスト問題集

目黒星美学園小学校

お話の記憶	お話の記憶問題集 上級編
言語	Ｊｒ・ウォッチャー 60「言葉の音（おん）」
図形	Ｊｒ・ウォッチャー 48「鏡図形」
常識	Ｊｒ・ウォッチャー 12「日常生活」
数量	Ｊｒ・ウォッチャー 39「たし算・ひき算２」

日本学習図書（ニチガク）

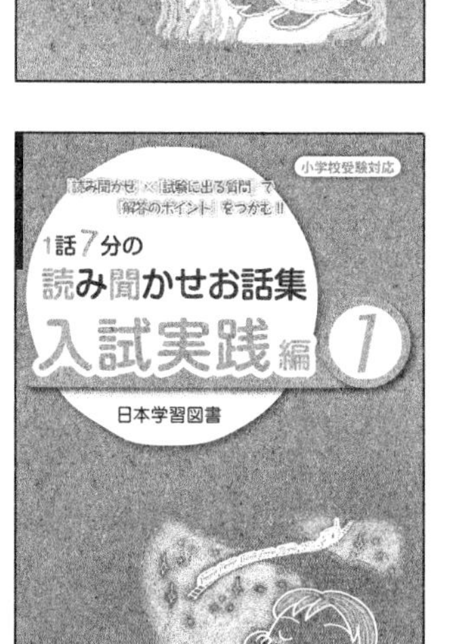

『読み聞かせ』×『質問』＝『聞く力』

お話の記憶の練習に最適

1話5分の 読み聞かせお話集①②

「アラビアン・ナイト」「アンデルセン童話」「イソップ寓話」「グリム童話」、日本や各国の民話、昔話、偉人伝の中から、教育的な物語や、過去に小学校入試でも出題された有名なお話を中心に掲載。お話ごとに、内容に関連したお子さまへの質問も掲載しています。「読み聞かせ」を通して、お子さまの『聞く力』を伸ばすことを目指します。

①巻・②巻　各48話

1話7分の読み聞かせお話集 入試実践編①

最長1,700文字の長文のお話を掲載。有名でない＝「聞いたことのない」お話を聞くことで、『集中力』のアップを目指します。設問も、実際の試験を意識した設問としています。ペーパーテスト実施校の多くが「お話の記憶」の問題を出題します。毎日の「読み聞かせ」と「試験に出る質問」で、「解答のポイント」をつかんで臨みましょう！

50話収録

ニチガクの この5冊で受験準備も万全！

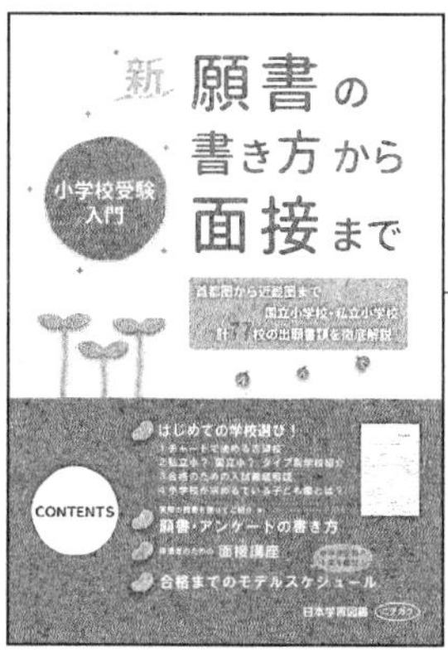

小学校受験入門 願書の書き方から面接まで リニューアル版

主要私立・国立小学校の願書・面接内容を中心に、学校選びや入試の分野傾向、服装コーディネート、持ち物リストなども網羅し、受験準備全体をサポートします。

小学校受験で 知っておくべき 125のこと

小学校受験の基本から怪しい「ウワサ」まで、保護者の方々からの125の質問にていねいに解答。目からウロコのお受験本。

新　小学校受験の 入試面接Q＆A リニューアル版

過去十数年に遡り、面接での質問内容を網羅。小学校別、父親・母親・志願者別、さらに学校のこと・志望動機・お子さまについてなど分野ごとに模範解答例やアドバイスを掲載。

新　願書・アンケート 文例集500 リニューアル版

有名私立小、難関国立小の願書やアンケートに記入するための適切な文例を、質問の項目別に収録。合格を掴むためのヒントが満載！願書を書く前に、ぜひ一度お読みください。

小学校受験に関する 保護者の悩みQ＆A

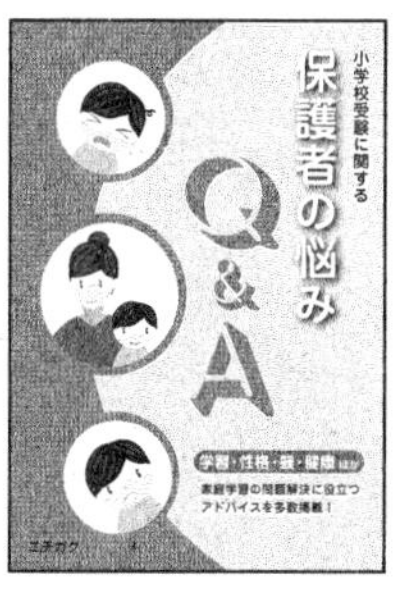

保護者の方約1,000人に、学習・生活・躾に関する悩みや問題を取材。その中から厳選した200例以上の悩みに、「ふだんの生活」と「入試直前」のアドバイス2本立てで悩みを解決。

こんなこと…ありませんか？

「ニチガクの問題集…買ったはいいけど、、、
この問題の教え方がわからない（汗）」

メールでお悩み解決します！

☆ホームページ内の専用フォームで必要事項を入力！

☆教え方に困っているニチガクの問題を教えてください！

☆確認終了後、具体的な指導方法をメールでご返信！

☆全国どこでも！スマホでも！ぜひご活用ください！

<質問回答例>

学習のポイント

推理分野の学習では、後の学習に活きる思考力を養うことができます。ご家庭で指導する場合にも、テクニックにたよらず、保護者の方が先に基本的な考え方を理解した上で、お子さまによく考えさせることを大切にして指導してください。

Q.「お子さまによく考えさせることを大切にして指導してください」と学習のポイントにありますが、考える習慣をつけさせるためには、具体的にどのようにしたらいいですか？

A. お子さまが考える時間を持てるように、質問の仕方と、タイミングに工夫をしてみてください。
たとえば、「答えはあっているけど、どうやってその答えを見つけたの」「答えは○○なんだけど、どうしてだと思う？」という感じです。はじめのうちは、「必ず 30 秒考えてから手を動かす」などのルールを決める方法もおすすめです。

まずは、ホームページへアクセスしてください!!

http://www.nichigaku.jp　日本学習図書　検索

家庭学習ガイド
青山学院初等部

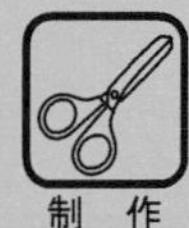

入試情報

応募者数：男子248名　女子271名
出題形式：ペーパー、ノンペーパー
面　　接：保護者
出題領域：ペーパーテスト（記憶、図形、推理、常識）、制作、行動観察、運動

入試対策

2021年度の入学試験は、感染症予防対策として、マスクやフェイスシールド、パーテーションなどを使用して行われました。適性検査Ａでは、これまでの個別テストに変わり、ペーパーテストが実施され、語彙の豊かさや、図形を使った推理力などが必要な設問が出題されました。
適性検査Ｂでは、制作、行動観察、運動などがグループで行われます。集団行動や自由遊び、制作などの課題を通して、協調性がチェックされると考えてください。体育館や教室で、３時間以上かけてグループ活動を行わせるのは、学力を観るのではなく、時間の経過とともに表れるお子さまの「素の姿」を観ようということでしょう。

●ペーパーテストは、ふだんの生活から身に付けられる常識を問う問題です。特に語彙は保護者の方が、日頃から積極的にお子さまに質問するなど、楽しみながら覚えられる環境づくりを心がけることで豊かになるものです。

●運動に、特に難しい課題はありません。年齢相応の運動能力を見せ、指示を理解し、それを守れば充分によい評価が得られます。

●どの課題も「自分で考える」ことがポイントになっているので、知識に頼る詰め込み型の学習だけでは対応できません。答えを出すまでの過程を重視し、論理的に考える力を養っていきましょう。

「青山学院初等部」について

＜合格のためのアドバイス＞

当校が望む子ども像は、経験に基づいた生活力・諦めない気持ち・粘り強さ・活力がある子どもです。これをふまえ、試験全体を通し、積極性や、創意工夫をする様子を見せることは、決して無駄ではありません。

適性検査Ａ（ペーパーテスト）は、語彙、記憶、図形などの基本的な設問が出題されました。「お話の記憶」では、登場人物の感情を想像したり、オノマトペから具体物を連想したり、絵の間違い探しをしたりと、ふだんの遊びから学べる楽しい設問もあります。しかし、それらからは年齢なりのコミュニケーション力や常識、想像力、好奇心などが観られています。

保護者の方は、お子さまの知識を蓄積することだけではなく、豊かな感情を伸ばすような環境づくりにも取り組んでください。

適性検査Ｂ（集団テスト）では、入学後の生活を見据えた観点から、集団で取り組む課題が出題されます。各課題において「×がついた子どもを落とす」のではなく、「○がたくさんついた子どもを選んでいく」という評価を行っているので積極的な行動をとるべきでしょう。運動や制作の課題では、指示を理解する力、年齢相応の基本的な能力が必要ですが、高い運動能力や完成度の高い作品を求めてはいません。あくまでも行動観察の課題としてとらえてください。グループ内での意見交換や譲り合いができるようにしておきましょう。そのためには日頃からコミュニケーションの機会が必要になってきます。知らないお友だちや異年齢のお友だちと関わり、人との付き合い方を学んでください。トラブルが起きた時には別ですが、保護者の方はできるだけ関わらないようにしてください。その方が自主性が育ちます。

〈2021年度選考〉

◆アンケート（願書提出時）

◆保護者面接（考査日前に実施／約10分）
※願書提出時に面接資料を提出。

〈適正検査Ａ〉
◆ペーパーテスト

〈適正検査Ｂ〉（集団）
◆行動観察
◆制作
◆運動

◇過去の応募状況

2021年度	男子248名	女子271名
2020年度	男子234名	女子254名
2019年度	男子257名	女子235名

入試のチェックポイント

◇受験番号は……「生年月日順」
◇男女の別は……「男女別で実施」
◇生まれ月の考慮……「あり」

〈本書掲載分以外の過去問題〉

◆記憶：星マークが書かれていた場所におはじきを置く。［2017年度］
◆言語：名前の真ん中が「さ」のものに○をつける。［2016年度］
◆推理：サイコロの反対側に書かれたものは何か考える。［2016年度］
◆常識：学校や日常生活で使うものを仲間分けする。［2014年度］
◆運動：リレー、クマ歩き、アザラシ歩き、サーキット運動（平均台→跳び箱→低い障害物を跳び越え、高い障害物をくぐる）［2013年度］

家庭学習ガイド
目黒星美学園小学校

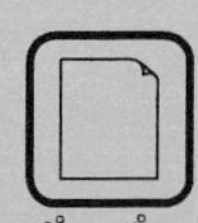
ペーパー

制　作

巧緻性

個別テスト

行動観察

親子面接

入試情報

応募者数：非公表
出題形式：ペーパー、ノンペーパー
面　　接：志願者・保護者面接
出題領域：ペーパーテスト（数量、図形、常識、推理、言語、記憶）、行動観察

入試対策

2021年度の入学試験では、前年に引き続き、ペーパーテスト、個別テスト、行動観察が行われました。ペーパーテストの範囲は、数量、図形、常識、推理、言語、記憶、と幅広いものの、難しい問題は少ないので、基礎学力の伸長に力を入れましょう。注意しなければならないのは、お話の記憶と数量分野の問題です。お話の記憶のお話が長いだけでなく、登場人物の感情を聞き取るといった設問もあり、当校入試の中ではハイレベルな問題です。日ごろの読み聞かせでも、登場人物の心情を問いかけるなどの対策をしてください。また、数量分野の問題では、積み木などを使った問題のほか、たし算・ひき算、余りのあるわり算など、小学校入試のレベルを超えた出題もあります。対策はしておいたほうがよいでしょう。

●日ごろの読み聞かせでは、登場人物の心情を問いかけるなど、当校の出題に合った対策をしてください。

●数量については、先入観を持たせるとよくないので、数字を使った学習ではなく、あくまでそのものをイメージして解答する、という方法で学んでください。

●行動観察の課題は、協調性が主な評価ポイントです。

「目黒星美学園小学校」について

〈合格のためのアドバイス〉

ペーパーテストの出題範囲は数量、図形、常識、推理、言語、記憶など多岐に渡ります。基礎をしっかり学習し、ミスをしないよう確実に理解するよう心がけることが重要です。ただし、お話の記憶と数量については、より高度な出題に対応できる力が必要になります。系列は、自分で法則を発見することに重点を置いて基本的な問題の演習を行いましょう。数量の数の増減は、おはじきなど具体物で数を操作し、増えたり減ったりする様子を体感しながら理解させてください。図形は、具体物を操作することで感覚を養うことができるので、ペーパーだけでなく、手を動かして学習してください。言語は、しりとりや同音頭語探しなど、言葉遊びを楽しみながら語彙を増やしていくとよいでしょう。電車や公共の場でのマナーなどの常識は、日常生活のさまざまな場面でその都度考えさせていくことで身に付いていきます。仲間分け・仲間探しは、季節、棲んでいる場所、形、材質、用途、数え方など、さまざまなものの特徴を理解させていくことで、お子さまの知識の引き出しを増やしていってください。

集団テストでは、協調性が求められますが、ただ何となく周りの意見に同調するのではなく、自分の意見をしっかり伝えることも大切です。何よりも楽しく課題を行うことができるようにしてください。お子さまの振る舞いを通して、ふだんの家庭の様子が観られるということを意識して、試験までの期間を過ごしてください。

〈2021年度選考〉

◆保護者・志願者面接（約15分）
◆ペーパーテスト（数量、図形、常識、推理、言語、記憶など）
◆行動観察（集団）
◆制作（個別）

◇過去の応募状況

2021年度　非公表
2020年度　非公表
2019年度　非公表

入試のチェックポイント

◇受験番号は…「願書提出順」
◇生まれ月の考慮…「あり」

〈本書掲載分以外の過去問題〉

◆言語：絵と同じように積み木を組んでください。（個別テスト）［2017年度］
◆数量：絵に描かれた積み木の数はいくつでしょうか。［2016年度］
◆推理：シーソーが釣りあうためには、いくつの載せればよいでしょうか。［2015年度］
◆系列：決まった順番で並ぶ絵の中に当てはまるものを答える。［2014年度］
◆常識：仲間分けと電車内でのマナーを答える。［2014年度］
◆常識：路上にいる人たちの絵を見て、いけないことをしている人を指摘。［2013年度］

㊚ 先輩ママたちの声！

◆実際に受験をされた方からのアドバイスです。
ぜひ参考にしてください。

青山学院初等部

・面接では、主に面接資料に書いたことに関して質問されました。和やかな雰囲気ではありましたが、先生方との距離が近く緊張しました。面接時間は５分程度だったので、あっという間に終わったという印象です。しっかりとまとめて話をすることが大切だと思います。

・学校についてどれだけ理解しているのかを観ているので、学校説明会に参加して感じたことを、面接資料や願書に記入するとよいと思います。面接では必ずそこからの質問があります。

・適正Ｂ（行動観察）は、子どもにとって楽しいテストのようですが、ふざけてしまう子も多かったようです。

・考査終了後、息子は「楽しかったよ」と戻ってきました。楽しく周りのお友だちと関わることが大切なのかもしれません。

目黒星美学園小学校

・ペーパーテストは、基礎的なことをしっかり学習しておけば問題ないと思います。

・学校説明会は数回開催されますが、いずれも内容が異なるので、できるだけ参加した方がよいと思います。

・子どもが参加できる公開行事にはできるだけたくさん参加するとよいと思います。特に、追い込みの時期には気分転換にもなり、子ども自身も、この学校に行きたいという意欲が沸き、がんばれると思います。
また、テスト当日、「この学校、来たことがあるね。楽しかったね」とリラックスして臨め、面接でもそのお話を先生にきちんとお話できると思います。

・考査が長時間に及ぶため、最初は緊張していた子どもも、徐々にふだんの姿が出てきます。学校が観ているのは、短時間でわかる能力ではなく、子どもたちのそのような姿だと思いました。

青山学院初等部
目黒星美学園小学校

過去問題集

〈はじめに〉

現在、少子化が叫ばれているにもかかわらず、私立・国立小学校の入学試験には一定の応募者があります。入試は、ただやみくもに学習するだけでは成果を得ることはできません。志望校の過去における出題傾向を研究・把握した上で、練習を進めていくこと、その上で試験までに志願者の不得意分野を克服していくことが必須条件です。そこで、本問題集は小学校を受験される方々に、志望校の出題傾向をより詳しく知って頂くために、過去に遡り出題頻度の高い問題を結集いたしました。最新のデータを含む精選された過去問題集で実力をお付けください。

また、志望校の選択には弊社発行の「**2022年度版　首都圏・東日本　国立・私立小学校　進学のてびき**」をぜひ参考になさってください。

〈本書ご使用方法〉

◆出題者は出題前に一度問題を通読し、出題内容などを把握した上で、**〈準　備〉**の欄に表記してあるものを用意してから始めてください。

◆お子さまに絵の頁を渡し、出題者が問題文を読む形式で出題してください。問題を読んだ後で、絵の頁を渡す問題もありますのでご注意ください。

◆**「分野」**は、問題の分野を表しています。弊社の問題集の分野に対応していますので、復習の際の目安にお役立てください。

◆一部の描画や工作、常識等の問題については、解答が省略されているものがあります。お子さまの答えが成り立つか、出題者が各自でご判断ください。

◆**〈時　間〉**につきましては、目安とお考えください。

◆解答右端の［**〇年度**］は、問題の出題年度です。［**2021年度**］は、「2020年の秋から冬にかけて行われた2021年度入学志望者向けの考査で出題された問題」という意味です。

◆**学習のポイント**は、指導の際にご参考にしてください。

◆**【おすすめ問題集】**は各問題の基礎力養成や実力アップにお役立てください。

〈本書ご使用にあたっての注意点〉

◆文中に **この問題の絵は縦に使用してください。** と記載してある問題の絵は縦にしてお使いください。

◆**〈準　備〉**の欄で、クレヨンと表記してある場合は12色程度のものを、画用紙と表記してある場合は白い画用紙をご用意ください。

◆文中に **この問題の絵はありません。** と記載してある問題には絵の頁がありませんので、ご注意ください。なお、問題の絵の右上にある番号が連番でなくても、中央下の頁番号が連番の場合は落丁ではありません。

下記一覧表の●が付いている問題は絵がありません。

問題1	問題2	問題3	問題4	問題5	問題6	問題7	問題8	問題9	問題10
							●	●	●
問題11	問題12	問題13	問題14	問題15	問題16	問題17	問題18	問題19	問題20
●	●			●					
問題21	問題22	問題23	問題24	問題25	問題26	問題27	問題28	問題29	問題30
●	●	●							
問題31	問題32	問題33	問題34	問題35	問題36	問題37	問題38	問題39	問題40
問題41	問題42								

〈青山学院初等部〉

◎学習効果を上げるため、前掲の「家庭学習ガイド」及び「合格のためのアドバイス」をお読みになり、各校が実施する入試の出題傾向を、よく把握した上で問題に取り組んでください。
※冒頭の「本書ご使用方法」「本書ご使用にあたっての注意点」も併せてご覧ください。

2021年度の最新問題

問題１　分野：記憶（お話の記憶）

〈準備〉　鉛筆

〈問題〉　お話を聞いて、後の質問に答えてください。

今日は、ヤマトくんの幼稚園の運動会です。雲もなく、晴れてとても気持ちのよいお天気です。ヤマトくんはリレーの選手です。選手に選ばれた時、（１番でゴールしたいな）と思いました。だから、４月の自分の誕生日から毎日、晩ごはんの前に走る練習をしてきました。リレーは４人で走ります。スタートが近づいてくるとヤマトくんはだんだん心配になってきました。でも、いっしょに走る３人のお友だちが「大丈夫だよ。たくさん練習をしたんだから」と声をかけてくれて、少し落ち着きました。いよいよスタートです。ヤマトくんは４番目に走ります。２人目までトップでしたが、３人目で１人に追い抜かれてしまいました。さあ、ヤマトくんの走る番です。ヤマトくんは、バトンをもらって走り始めましたが、途中で息が苦しくなってきました。でも、がんばって走っているとだんだんと前の選手が近づいてきて、追い抜いたと思ったら、そこがゴールでした。（勝った！）と思ったとたん、ヤマトくんはうれしくて思わず飛び上がってよろこびました。

（問題１の絵を渡す）
①ヤマトくんの誕生日の頃に咲いている花は何ですか。
　１つ選んで○をつけてください。
②リレーは何人で走りましたか。その数だけ○をつけてください。
③スタートが近づいた時のヤマトくんの顔はどれですか。
　１つ選んで○をつけてください。
④ゴールした後のヤマトくんの顔はどれですか。
　１つ選んで○をつけてください。

〈時間〉　５分程度

問題２　分野：見る記憶（指示理解）

〈準備〉　鉛筆

〈問題〉　これから絵を見てもらいます。よく見て何が描いてあるのか覚えておいてください。
（問題２－１のイラストを20秒間見せた後、裏返しにして問題２－２のイラストを渡す）
同じ場所に同じ絵を描いてください。

〈時間〉　記憶する時間＝20秒　記入時間＝１分

問題3　分野：言語（言葉の音）

〈準備〉　鉛筆

〈問題〉　（問題３－１の絵を渡す）
①とまとには、『と』の文字が２つ入っています。同じように、名前の中に同じ音が２つか、それより多くあるものを選んで、○をつけてください。

（問題３－２の絵を渡す）
②「もくもく」している様子の絵に○をつけてください。
③「ふわふわ」泳いでいるものの絵に○をつけてください。
④「ぷんぷん」している女の子に○をつけてください。
⑤「ぶるぶる」している女の子に○をつけてください。

〈時間〉　①１分　②～⑤各10秒

問題4　分野：言語（同頭語探し）

〈準備〉　鉛筆

〈問題〉　（問題４の絵を見せる）
下の四角の中の絵と音の数が同じで、同じ音（●の音）で始まるものを上の絵から探して○をつけてください。

〈時間〉　20秒

問題5　分野：観察（絵の比較）

〈準備〉　鉛筆

〈問題〉　左の絵と右の絵をよく見て、違うところを見つけましょう。見つけたら、右の絵の違うところに○をつけてください。

〈時間〉　30秒

問題6　分野：図形（対称・鏡図形）

〈準備〉　鉛筆

〈問題〉　**この問題の絵は縦に使用してください。**
左にあるのはスタンプの模様です。このスタンプにインクをつけて紙に写すと、どのようになりますか。右から１つ選んで○をつけてください。

〈時間〉　各15秒

問題7　分野：推理（積み木・四方からの観察）

〈準備〉　鉛筆

〈問題〉　一番左に黒い積み木が重なっています。この積み木と同じ数の積み木はどれですか？　右の積み木から１つ選んで○をつけてください。

〈時間〉　15秒

問題8　分野：運動（指示理解）

〈準備〉　ボール、平均台、跳び箱など

〈問題〉　**この問題の絵はありません。**

①線上歩行
スタートから中央の線までスキップで進み、そこから奥はケンケンパーで進んでください。

②ボール送りリレー
１列に並び、後ろの人にボールを渡してください。一番最後の人までボールが渡ったら、前の人へボールを戻してください。

③連続運動
平均台の上を歩き、端まで行ったら降りてください。その後、隣の跳び箱に登って降り、カエル跳びをしながらゴールまで進んでください。

〈時間〉　適宜

問題9　分野：行動観察（マナー）

〈準備〉　集団行動：カメラ、音楽
自由遊び：ボール、フープ、縄跳び、マット、平均台、跳び箱など

〈問題〉　**この問題の絵はありません。**

集団行動：
・先生が写真を撮りますので、１グループ３～４人で集まって、先生が写真を撮りやすいように並んでください。
・音楽のリズムに合わせて、先生の指示に従ってください。
①行進してください。
②リズムに合わせて、両手を打ってください。

自由遊び：
ボール、フープ、縄跳び、マット、平均台、跳び箱などがあります。２～３人で集まって、自由に遊んでください。

〈時間〉　適宜

問題10　分野：行動観察（制作）

〈準備〉　紙袋、段ボール、毛糸、紙コップ、紙皿、アルミホイル、ご家庭にある材料（ペットボトル、牛乳パック、ペーパー芯など）

〈問題〉　**この問題の絵はありません。**
用意された材料を使って、未来のロボットを想像して、作ってください。できあがったら、お父さんやお母さんにどんなことができるロボットなのか、お話しましょう。

〈時間〉　各10分程度

問題11　分野：面接（保護者面接）

〈準備〉　なし

〈問題〉　**この問題の絵はありません。**
（質問例）
【父親へ】
・自己紹介をしてください。
・運動会など、幼稚園の行事には参加されましたか。どのようなことをしましたか。
・お子さまの幼稚園への送り迎えはしていますか。送り迎えをする時、大変なことはありますか。
・休日の過ごし方を教えてください。お子さまとはどのように過ごしていますか。
・お子さまのしつけで、一番大切に考えていることは何ですか。
・お子さまには、どのような人間になってほしいですか。
・本校の教育方針やカリキュラムで気に入った点は何ですか？
・そのほか「調査書」や「面接資料」に基づく質問。

【母親へ】
・自己紹介をしてください。
・お子さまの性格で、長所と短所を教えてください。
・幼稚園から帰ってきた後、お子さまとどのように過ごしていますか。
・お子さまの起床時間と就寝時間を教えてください。
・夏や冬などの長期休暇の時は、ご家族でどのように過ごしていますか。
・お子さまにはキリスト教について、どのように説明していますか。
・そのほか「調査書」や「面接資料」に基づく質問。

〈時間〉　10分程度

☆青山学院初等部

問題１

①

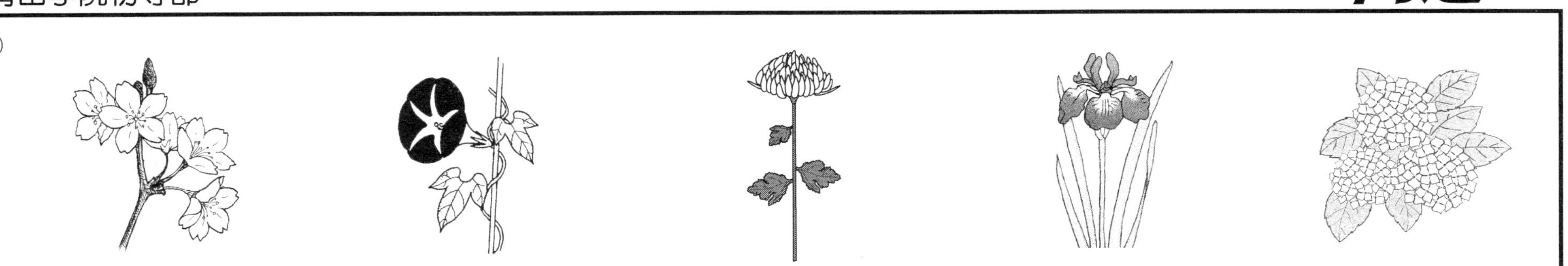

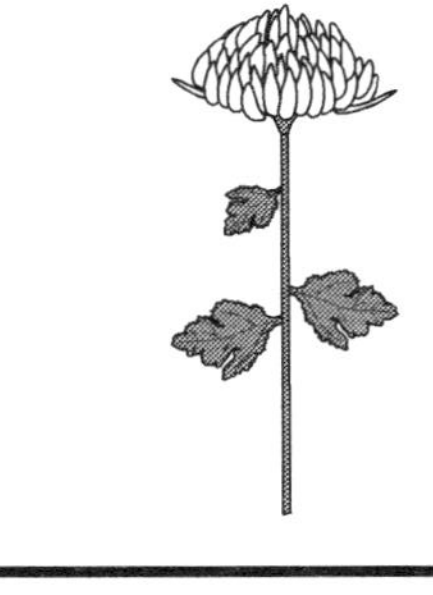

②

③

④

日本学習図書株式会社

問題２－１

◎			△
		×	
×			
	◎	△	

問題2－2

問題3－1

①

問題３－２

②

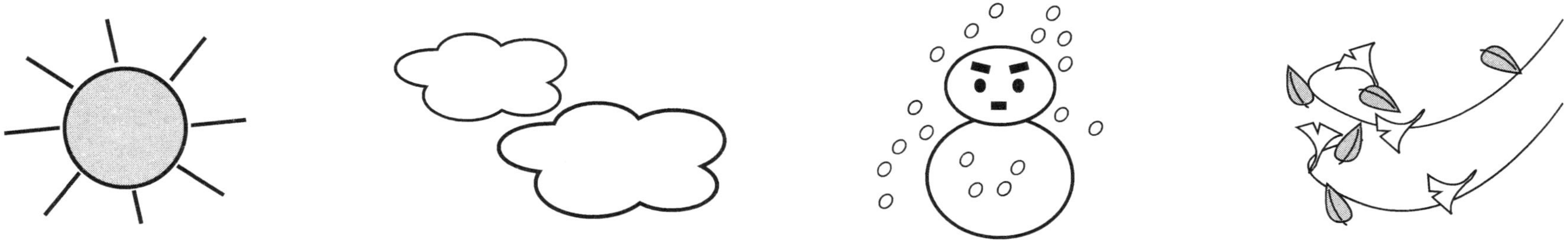

③

④

⑤

問題4

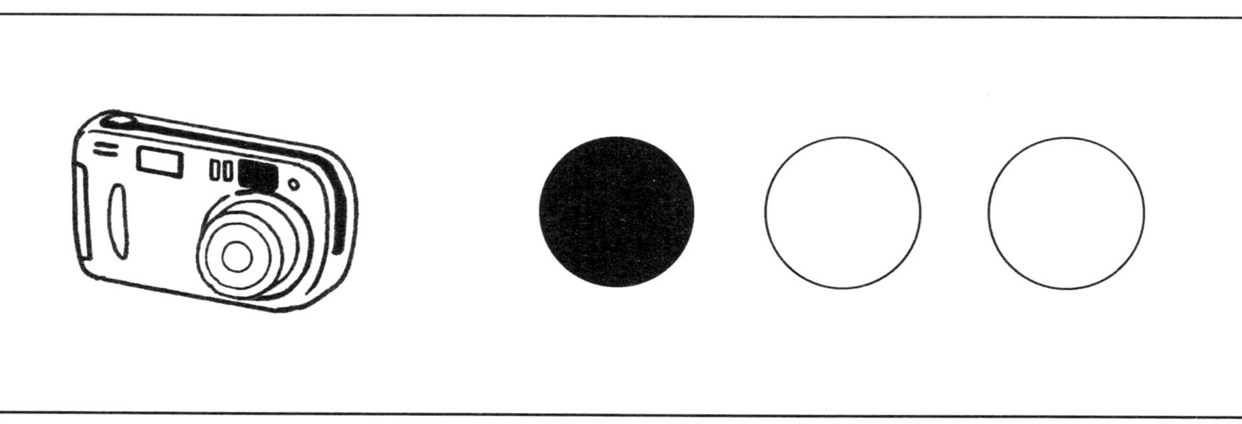

問題 5

日本学習図書株式会社

問題6

⑤ ④ ③ ② ①

問題 7

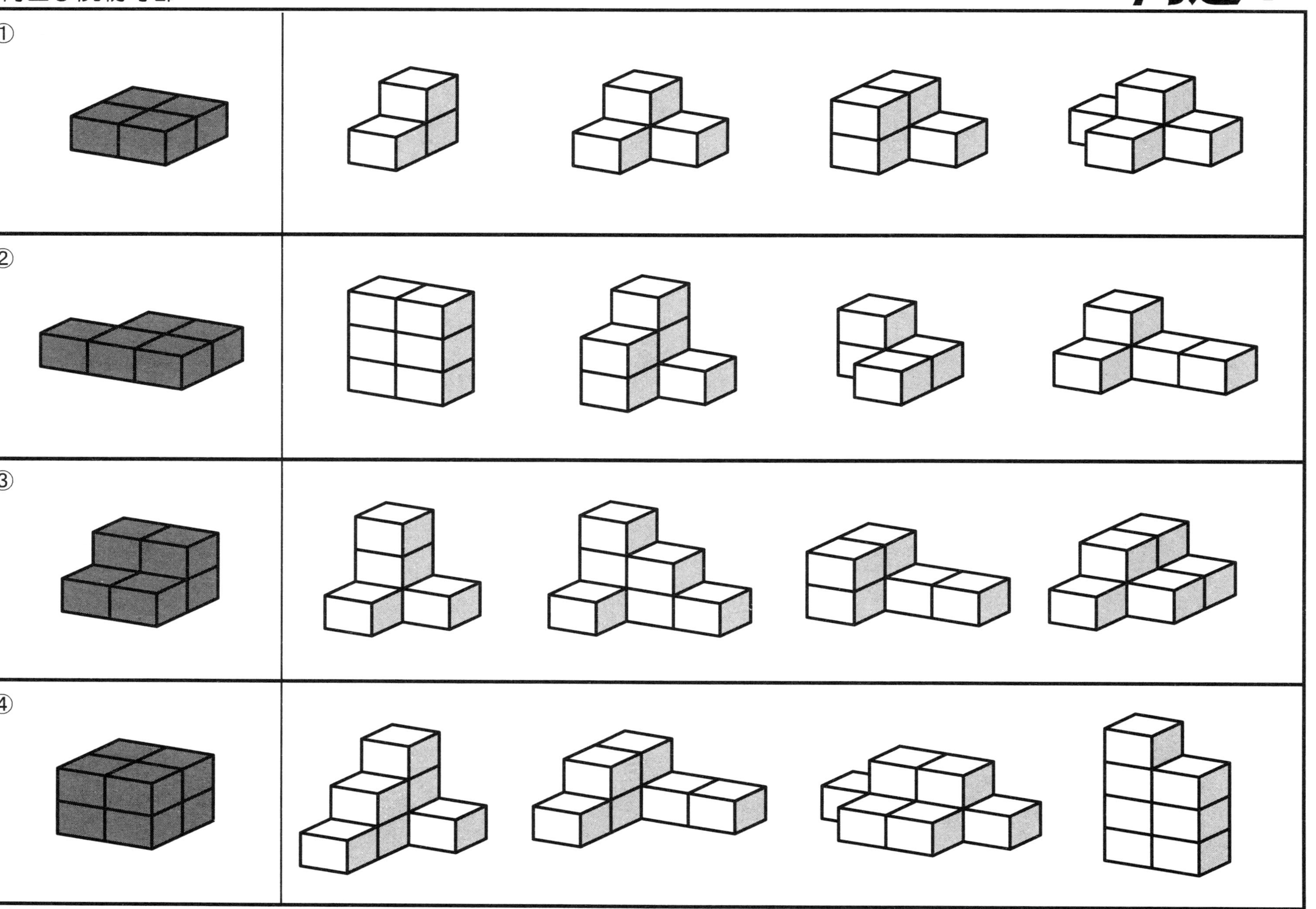

2021年度入試
解答例・学習アドバイス

解答例では、制作・巧緻性・行動観察・運動といった分野の問題の答えは省略されています。こうした問題では、各問のアドバイスを参照し、保護者の方がお子さまの答えを判断してください。

問題1　分野：記憶（お話の記憶）

〈解答〉　①左端（サクラ）　②○：4　③左から2番目（緊張している）
④右から2番目（よろこんでいる）

お話の内容だけでなく、生活常識や登場人物の気持ちを推測させる問題が出題されています。①のような質問には、「4月」は春で、その頃に咲く花は「サクラ」という知識が必要になってきます。ところで、4月のようにお話に数字が出てくることは、当校に限らず、よくありますが、ただ数を覚えればよいというものではありません。ピンと来ないようであれば、学習する際に、お話に出てきた数字から連想できる問題を出してみてください。また、③④では、ヤマトくんの行動からヤマトくんの気持ちを推測するのですが、このように人の気持ちを考えさせる質問からは、年齢なりのコミュニケーション力が求められていると言えます。このような設問は、他校でも増えています。保護者の方は、知識を蓄積するだけではなく、子どもらしい健やかな心を育むことの大切さを忘れないようにしてください。

【おすすめ問題集】
1話5分の読み聞かせお話集①②、お話の記憶 初級編・中級編・上級編

問題2　分野：見る記憶（指示理解）

〈解答〉　省略

「見る記憶」の問題です。マス目は16個、記号は基本的な図形ですので、それほど難しい問題ではありません。まずは「どこに」と「何が」あるかという、2つのことに注目して覚えていきましょう。もし本問が解けなかった場合は、マスや記号を減らしたり、記憶時間を延ばしたりしながら、繰り返して学習してみてください。また、この問題では、記憶力だけでなく、巧緻性（手先の器用さ）も観られています。お子さまが書いた記号はしっかりと頂点が書けていますか？　自分は△を書いたつもりでも、採点者が○と判断すれば誤答になりますので、1つひとつの記号をしっかりと正しく書くように練習してください。すぐにできるようになるものではないので、練習が必要です。

【おすすめ問題集】
Jr・ウォッチャー20「見る記憶・聴く記憶」、51「運筆①」、52「運筆②」

問題3　分野：言語（言葉の音）

〈解答〉　①下図参照

②左から２番目（雲）　③右端（クラゲ）
④右から２番目（怒っている）　⑤右から２番目（震えている）

語彙力の豊かさを問う問題です。子どもは言葉をどんどん吸収して使おうとしますが、感覚的に覚えてしまうこともあるので、保護者の方は、正確な名前を教えていくことが大切です。本問では、「オノマトペ（擬声語・擬態語）」が多く出題されているので、お子さまの表現力も観られているのでしょう。オノマトペは、感情や状態を感覚的に表現できる楽しい言葉ですから、日常生活や言葉遊びを通して、楽しみながら、それについての知識を増やしていきましょう。楽しみながら覚えることで、どういう場面でどのように使うのかも自然と覚えていくはずです。保護者の方は、お子さまが楽しく、意欲的に取り組める環境づくりにも気を配ってください。

【おすすめ問題集】

Ｊｒ・ウォッチャー17「言葉の音遊び」、18「いろいろな言葉」、
60「言葉の音（おん）」

問題4　分野：言語（同頭語探し）

〈解 答〉　下図参照

２つの条件に当てはまる言葉を探す問題です。こうした問題の解き方は２つの条件に当てはまる言葉を探そうとするのではなく、１つの条件に当てはまらない言葉を消すという解き方、つまり消去法で考えた方が効率がよくなります。ここでは「同じ音で始まる言葉」の方から探してみましょう。「カメラ」と同じ音で始まる言葉は「カボチャ」「カラス」「カブト」「カメ」の４つです。ここから「カメラ」と同じ３音の言葉を探すと……といった形になります。ご覧になるとわかると思いますが、それほど難しい問題ではありません。この問題でチェックされるのは、もちろん年齢なりに言葉を知っているかということですが、もう１つは２つの条件（複合条件）にどのように対処するかということです。ほとんどの問題はそんなことを考えなくても、答えられるものですが、難関校では正解だけなく、効率のよい解き方を求めている問題もあります。注意しておいてください。

【おすすめ問題集】
　Ｊｒ・ウォッチャー17「言葉の音遊び」、18「いろいろな言葉」、
　60「言葉の音（おん）」

問題5　分野：観察（絵の比較）

〈解答〉　下図参照

「間違い探し」は、絵の細かなところが問題になるので、観察力と集中力が問われます。この問題は、比較するイラストが左右の同位置にあり、しかも、１つひとつが離れているので確認しやすいでしょう。絵を見る際には、上からかでも、右からでもかまいませんが、ランダムではなく、方向を決めて、１つひとつ確認しましょう。そして、時間を意識して取り組むようにしてください。答え合わせは、お子さま自身ですることをお勧めします。絵を中心の線で切り離して重ねます。そして、窓ガラスなど明るい場所で、絵を透かしてみると、絵が違う部分は重ならないので、間違っていることがわかります。こうしたことをお子さま自身にさせることも対策となりますので、学習に取り入れてみてください。

【おすすめ問題集】

Ｊｒ・ウォッチャー４「同図形探し」

家庭学習のコツ①　「先輩ママのアドバイス」を読みましょう！

本書冒頭の「先輩ママのアドバイス」には、実際に試験を経験された方の貴重なお話が掲載されています。対策学習への取り組み方だけでなく、試験場の雰囲気や会場での過ごし方、お子さまの健康管理、家庭学習の方法など、さまざまなことがらについてのアドバイスもあります。先輩ママの体験談、アドバイスに学び、ステップアップを図りましょう！

問題6 分野：図形（対称図形・鏡図形）

〈解答〉 下図参照

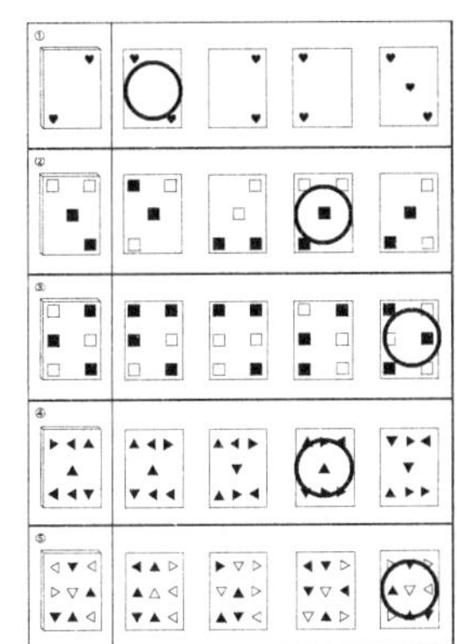

「対称」の問題です。対称とは、スタンプを押すとスタンプの跡が、鏡を見ると鏡に映ったものが、左右逆になることです。この問題では、記号の形や色が違ったり、数が多かったりするので、難しく思えますが、「左にある図形は右に」、「右にある図形は左に」なるという対称の理論を理解していれば解けるでしょう。対称がわからない場合の学習方法は、手鏡を使って行います。手鏡を1枚、左端のイラストの右辺に沿って立てます。すると、鏡に映った絵が解答になるのです。実際に鏡を使って答え合わせをして、対称がどういう状態なのか、目で確認してください。対称を理解したら、鏡図形や展開の問題に挑戦してください。同じ考え方で解答を導き出すことができます。このように、1つの分野を理解することで、ほかの分野の問題が解けるようになることはたくさんあります。お子さまといっしょに見つけてみましょう。

【おすすめ問題集】

Ｊｒ・ウォッチャー５「回転・展開」、８「対称」、48「鏡図形」

問題7　分野：推理（積み木・四方からの観察）

〈解 答〉　下図参照

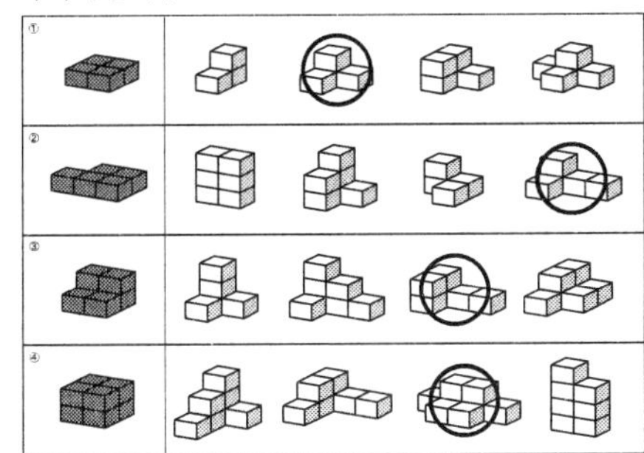

積み木の問題は、見えない積み木を正しく数えることができるかがポイントになります。実際に積み木を使って体感して、覚えるようにしてください。この問題も、お子さま自身に答え合わせをしてもらいましょう。解答した後に、左の積み木がそれぞれいくつあるのかを言ってもらいましょう。保護者の方は、お子さまが答えた数だけ積み木を取らせ、それらの積み木で選択した形と同じ形に積ませしょう。取った数が合っていれば、同じ形の積み木が作れますし、間違っていれば、積み木が足りなかったり、余ったりします。そして、どこが間違っていたのかをいっしょに確認してください。また、ほかの形が作れるかどうかも調べてみます。答えが１つとは限らないこともあります。こうしたことを繰り返すことで、頭の中で積み木を重ねられるようになります。

【おすすめ問題集】

Ｊｒ・ウォッチャー10「四方の観察」、16「積み木」、
53「四方の観察（積み木編）」

問題8　分野：運動（指示理解）

運動の課題では、先生の指示をきちんと守ったり、ほかの子どもたちと協力したりできるかが観られています。この課題は初歩的な動きなので、１つひとつの動作が雑にならないよう注意してください。子どもたちが1列に並んで、同じ動作をする時、１人だけ違う動きをしていると、とても目立ってしまいます。大切なことは、指示に対して意欲的に取り組むことで、１つの動作が失敗したからと言って不合格になることはないでしょう。そして、待っている時間の態度・姿勢も評価の対象です。特に早く終わったお子さまは、待つ時間が長くなってしまいますので、緊張感が緩み、待ち時間中に気が緩んでしまうかもしれません。待ち時間の過ごし方についても、親子で話し合っておきましょう。

【おすすめ問題集】

Ｊｒ・ウォッチャー28「運動」

問題9　分野：行動観察（マナー）

集団行動や自由遊びの中では、協調性や自主性が観られています。写真を撮る際には、「自分が、自分が」となってしまうお子さまや、反対に、写らないように人の陰に隠れてしまうお子さまがいますが、集合する人数が少ないことから、子どもたちの間でもめずに、スムーズに並ぶことが求められます。「先生が撮りやすいように」という指示がありますので、並ぶ工夫も大切な要素と考えてください。そして、笑顔で並んでいることも大切なポイントです。行進では、先生の指示をきちんと聞いて、守れることが求められます。ダラダラした動きは厳禁です。簡単なことでも一生懸命に取り組むようにしましょう。自由遊びは、「もめる」「いじめる」「自分勝手にふるまう」など、日常生活だったら、いけないことだと気付くことも、試験に夢中になるあまり、忘れてしまうかもしれません。試験会場で初めて出会った子どもたちといっしょに何かに取り組むことは、子どもにとっては案外ハードルが高いのです。その点を充分考慮して、ふだんから人とのコミュニケーションを積極的にとるように心がけましょう。

【おすすめ問題集】

Ｊｒ・ウォッチャー29「行動観察」、56「マナーとルール」

問題10　分野：行動観察（制作）

制作課題では、巧緻性と想像力が求められます。巧緻性は毎日、コツコツ取り組むことで上達するものです。試験官は、道具の使い方を見れば、ふだんから、その道具を使用しているかどうかわかりますし、作品を見れば、作った子どもの性格がある程度わかるのだそうです。絵画や工作は、子どもの精神状態を反映しますので、練習でも「〇〇しなさい」「ダメでしょう」などと、強い口調で指示をするのは避けてください。道具をうまく扱えない場合は、優しくお手本を見せてあげるといいでしょう。また、工作を学習する際は、作って終わりではなく、作ったものを人前で説明するところまで行いましょう。この課題では、「ロボットができること」となっていますが、「ロボットの特徴」や、「その特徴を思いついた理由」など、ほかにも説明することがあります。保護者の方は、お子さまが自分の考えを整理できているかを確認してください。

【おすすめ問題集】

Ｊｒ・ウォッチャー23「切・貼・塗」、29「行動観察」、
「実践ゆびさきトレーニング①～③」

問題11　分野：面接（保護者面接）

当校の面接は、出願の際に提出した面接シートの内容を基に行われます。質問の量がかなり多いので、「どのようなご家庭なのか」をしっかり把握したいという学校側の姿勢がわかります。小学校受験のため、というわけではありませんが、日常生活や幼稚園での出来事など、お子さまから話を聞くことを日々の習慣にしましょう。お子さまの性格や日ごろの行動、考え方など、さまざまなことを話し合い、お子さまへの理解度を高めてください。そして、お子さまに対する教育方針もしっかり立ててください。また、当校をどれだけ理解しているかも観られています。キリスト教や宗教教育に対する考え方を明確にし、志望動機にも反映できるようにしましょう。

【おすすめ問題集】

新口頭試問・個別テスト問題集、新ノンペーパーテスト問題集
面接最強マニュアル

2020年度以前の過去問題

問題12　分野：口頭試問（お話の記憶）

〈準備〉　問題のお話部分の朗読を録音したICレコーダー

〈問題〉　**この問題の絵はありません。**
これから２つのお話をします。よく聞いて、後の質問に答えてください。

（次の(1)～(4)のうち、２つがICレコーダーで流される）これから２つのお話をします。よく聞いて、後の質問に答えてください。

(1)３月15日の火曜日は、お姉さんの８歳の誕生日です。誕生日ケーキをチョコレートケーキかイチゴケーキにしようと思ったけれど、お姉さんに決めてもらって、パンケーキを２枚重ねて上にクリームを載せることにしました。妹は魚と貝の形のビーズで作ったネックレスをプレゼントしました。
①お姉さんの誕生日は何月何日ですか。
②お誕生日のプレゼントは何でしたか。

(2)幼稚園では鬼ごっこが人気です。ユミちゃんはすぐに捕まって、鬼になってばかりなので怒ってしまいました。次の日ユミちゃんが幼稚園に行って「鬼ごっこしよう」と言ってもみんなは知らんぷりしていました。
①女の子の名前は何ですか。
②次の日にあなたがそこにいたらどうしますか。

(3)公園では、ジャングルジムが人気です。マルくんはジャングルジムのてっぺんに座って、お友だちが来ても代わってあげませんでした。次の日マルくんがブランコに乗ろうとしたら、みんな聞こえないふりをして代わってくれませんでした。
①公園では何が人気ですか。
②どうしてマルくんはブランコを代わってもらえなかったのですか。

(4)タロウくんは、土曜日にお父さん、お母さん、妹のワカナちゃんといっしょに動物園に行きました。最初にパンダを見て、次にトラを見ました。トラは昼寝をしていました。次にライオンとゾウを見ました。ワカナちゃんはシマウマのハンカチを、タロウくんはライオンの絵の付いたコップをおみやげに買ってもらいました。
①動物園には誰と行きましたか。
②おみやげは何でしたか。

〈時間〉　各５分程度

〈解答〉　(1)①３月15日　②ネックレス
(2)①ユミちゃん　②省略
(3)①ジャングルジム　②省略
(4)①お父さん、お母さん、妹のワカナちゃん
②シマウマのハンカチ、ライオンの絵の付いたコップ

［2020年度出題］

学習のポイント

口頭試問は、８～10人ずつのグループに分かれ、４つの教室を回りながら行われます。お話の記憶は、上記の４つのお話のうち２つが出題されます。先生が再生ボタンを押してからICレコーダーを渡してくれますので、受験生はそれを聞き終わってから、先生からの質問に口頭で答えます。お話そのものは短く単純なものです。読み聞かせを通じて、出来事や感情をイメージできるようにしておけば問題なく対応できるでしょう。口頭試問の形式で行われるため、解答の正誤だけでなく、言葉遣いや態度も観られています。お子さまのふだんの言葉遣いや、話を聞いているときの態度にも気を付けましょう。お子さまは保護者の方をお手本にしますから、ご自身の言葉遣いや態度についても振り返ってください。

【おすすめ問題集】
1話5分の読み聞かせお話集①②、お話の記憶 初級編・中級編・上級編

問題13　分野：口頭試問（生活巧緻性）

〈準備〉　①バッグ：ふたのないトートバッグのようなもの
（横幅40cm×高さ30cm程度）
バッグに詰めるもの：レジャーシート（60cm×90cm）、おにぎり、ミカン、手提げ付きビニール袋、チャック付きビニール袋、タオル、ハンカチ、ラムネ（飲みもの）、ポテトチップス、シャベル、熊手、スケッチブックなど
②用意されている道具：レジャーシート（60cm×90cm）、マグネット、目玉クリップ、菜箸、S字フック、靴べら、トング、ピンセット、ひも、フライ返し
机の上にあるもの：ミニカー、スポンジボール（直径２cm程度）、ドーナツのおもちゃ、ネズミのぬいぐるみ、太い輪ゴム

〈問題〉　①今から海に行く準備をします。机の上にあるものを全部、バッグの中に、つぶれないように入れてください。海に着いたら、すぐにシートを広げてお昼ごはんを食べます。
②机の上に並んでいるものを１つずつ、道具を使って取ってください。机の前の、床に敷いてあるシートの中に入ってはいけません。道具を組み合わせてもよいですが、１度使ったものはもう使えません。下に落としたら、やり直しです。

〈時間〉　各５分程度

〈解答〉　省略

[2020年度出題]

①では、バッグへの詰め方や詰める順番について考え、工夫できているどうかを観ています。また、食べものはすべて本物が用意されているので、それぞれの特性に応じた取り扱い方をしなければなりません。買いものや外出の際に見せていれば、スムーズに対応できるはずです。②は毎年出題されている、道具を使ってものを運ぶ課題です。本問では、最初に何をどう運ぶのかを考えなくてはなりません。いくつ運べるかに気を取られすぎたり、使いやすそうな道具をとりあえず手に取ったりしていると、使える道具がなくなってしまいます。①②ともに、生活体験から得た知識と、その知識を状況に応じて応用したり、工夫したりすることが求められています。

【おすすめ問題集】
Ｊｒ・ウォッチャー25「生活巧緻性」

問題14　分野：口頭試問（見る記憶）

〈準備〉　記憶するカード、解答するカード（マークが記入されている、丸型）、解答を置くカード（記憶するカードと同じ形状で、何のマークも記入されていないもの）

〈問題〉　今から、カードに描かれた３つの丸いマークを覚えてください。
（10秒後）覚えたマークと同じものを選び、マークのあった場所に置いてください。

〈時間〉　１分

〈解答〉　省略

［2020年度出題］

学習のポイント

見る記憶の問題です。記憶するマークはシンプルですが、形の微妙な大きさの違いや配色など、記憶する要素がいくつかあります。この問題では、３つのマークを10秒程度で記憶し、20秒でそれぞれ同じマークを選んでカードの上に置いて再現しなければなりませんから、記憶の確かさと同時に、理解と行動のスピードも求められています。またカードに描かれたマークを記憶する→円形のマークを選ぶ→別のカードに選んだマークを並べる、という一連の手続きも、やや複雑なので指示を理解して行動することも必要です。解答には、観察力と記憶力が必要ですが、解答時間を考えると、ある程度直感的に解答しなければなりません。繰り返し練習を行うことで、必要な要素を短時間で把握できるようになります。

【おすすめ問題集】
Ｊｒ・ウォッチャー20「見る記憶・聴く記憶」

問題15　分野：口頭試問（言葉の音）

〈準備〉　なし

〈問題〉　**この問題の絵はありません。**
①３つの音でできている言葉で、真ん中が「ん」の音の言葉を思いつくだけ言ってください。
②３つの音でできている言葉で、「き」の音で終わる言葉を思いつくだけ言ってください。

〈時間〉　各20秒

〈解答〉　省略

［2020年度出題］

学習のポイント

条件に合う言葉を探す「言葉探し」の課題です。言語の課題については、ふだんから親子で言葉を言い合うような言葉遊びをして、言葉の音やリズムに親しんでおくことが最良の対策になります。こうした言語感覚は、言葉の意味をおぼえるのではなく、発音して耳と口を使うことで養われます。言葉遊びには、はじまりの音（頭音）が同じ言葉を探す「頭音集め」や終わりの音（尾音）が同じ言葉を探す「尾音集め」「しりとり」などがあります。工夫次第でいろいろな遊びに発展させることもできますので、お散歩をしながら、おやつを食べながらなど、机の上の学習以外の時間を有効に活用して積極的に取り入れ、楽しんでください。

【おすすめ問題集】
Ｊｒ・ウォッチャー17「言葉の音遊び」、18「いろいろな言葉」、
60「言葉の音（おん）」

問題16　分野：推理（系列）

〈準備〉　鉛筆

〈問題〉　お約束にしたがって印が並んでいます。「？」のところに入る形を４つの中から選んでください。

〈時間〉　30秒

〈解答〉　右から２番目

［2020年度出題］

家庭学習のコツ②　「家庭学習ガイド」はママの味方！

問題演習を始める前に、試験の概要をまとめた「家庭学習ガイド（本書カラーページに掲載）」を読みましょう。「家庭学習ガイド」には、応募者数や試験課目の詳細のほか、学習を進める上で重要な情報が掲載されています。それらの情報で入試の傾向をつかみ、学習の方針を立ててから、対策学習を始めてください。

系列の問題です。お約束を見つけて「？」の場所に何が入るのかを考えます。まず、お約束が何個の印で繰り返されているのかを考え、次にどのような規則で並んでいるのかを考えます。本問では、１番左の箱と右から２番目の箱の左上に星印があります。それぞれの右隣の箱を見てみると、同じく右上に星印が書いてありますから、お約束は４個だということがわかります。お約束の中での規則を見てみると、星印の位置が左から「左上→右上→右下」となっており１番右の箱が「？」になっています。星印が箱の四隅を移動する、と考えると「？」の箱の左下に星印が書かれていると推定できます。お約束のパターンや探し方はある程度限られていますので、規則を見つけ出すことは、徐々に身に付けられます。繰り返し学習をしていきましょう。

【おすすめ問題集】

Ｊｒ・ウォッチャー６「系列」

問題17　分野：口頭試問（四方からの観察）

〈準　備〉　なし

〈問　題〉　左の四角の中にある積み木を、指が示している方向から見たら、どのように見えるでしょう。正しいものを指で指してください。

〈時　間〉　各15秒

〈解　答〉　下図参照

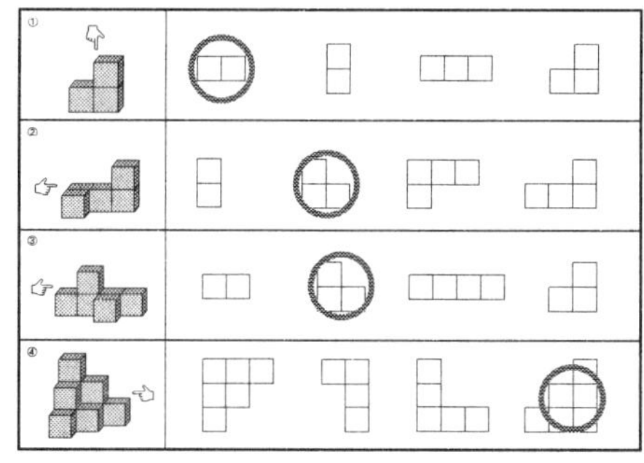

［2020年度出題］

学習のポイント

指が示している方向から見える形を選ぶ「四方からの観察」という図形分野の問題です。視点が違うと、ものの見え方も違うことがわかっているか、という趣旨の問題です。慣れていないと、いきなりイメージするのは難しいかもしれません。やはり実際に積み木を積んで、それをさまざまな方向から見て、それぞれの方向からの見え方を確認してください。イラストでは見えないところにある立体についても、積み木を動かしながら見せてあげましょう。ふだんから、さまざまな日用品や建物が、ほかの方向からどう見えるのかを確かめたり、問いかけたりしながら、お子さまの立体に対する感覚を養ってください。

【おすすめ問題集】

Ｊｒ・ウォッチャー10「四方からの観察」、53「四方からの観察　積み木編」

問題18 分野：口頭試問（図形／合成・分割）

〈準備〉 なし

〈問題〉 見本の絵を作るのに、使わない絵はどれですか。４つの絵の中から選んで指差してください。

〈時間〉 各15秒

〈解答〉 ①左から２番目 ②右端

［2020年度出題］

学習のポイント

図形の分割や合成の問題は、図形の長さや角度を目測できるようにしなければならないため、プリント上だけで学習しても、ほぼ効果がありません。いろいろな形を直線で分割した手製のパズルをつくり、自分の手で組み合わせながら元の形を再現して、練習してください。ぴったり合う辺はどこか、どの角を合わせれば元の形になるのか、などの予測をする練習になります。単に慣れるのではなく、考えながら手を動かすよう促しましょう。１つの図形について完璧になったと思ったら、別のパーツを混ぜて練習し、不要なものを省く練習をして、さらに思考を深めるようにします。本問のような影絵だけでなく、多角形や円などの図形が出題されることもあります。そのような出題にも対処できるよう、繰り返し学習して慣れていくようにしてください。

【おすすめ問題集】

Ｊｒ・ウォッチャー９「合成」、45「図形分割」

問題19 分野：口頭試問（四方からの観察）

〈準備〉 立体の見本（厚紙で作成）

〈問題〉 点線に沿って切った時、切り口はどのように見えるでしょう。４つの中から選んで、指を差してください。

〈時間〉 各15秒

〈解答〉 下図参照

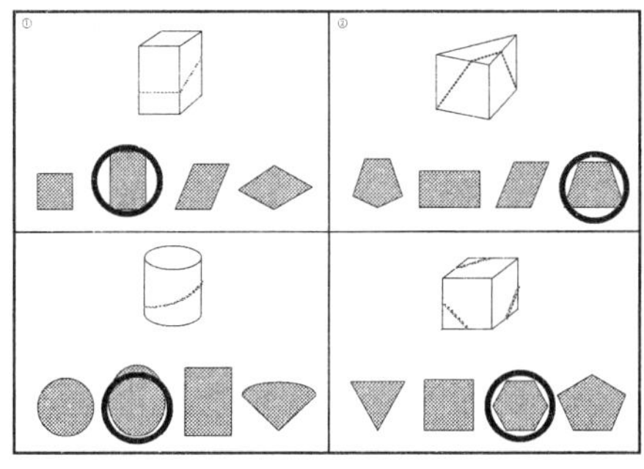

［2020年度出題］

学習のポイント

空間図形の断面を考える問題です。見えない部分を想像したり、点を頭の中でつないで図形を想像したりしなければならないので、難しい問題です。辺や点を見えるようにするために、粘土と竹ひごを用意して、出題される立体の頂点を粘土の玉で、竹ひごで辺を作ると、立体のすべての点や辺が見えるようになります。その上で、切断する線に沿って毛糸などを巻いてみると、切断面を視覚的に捉えることができます。また、円柱や円錐など曲線を含む図形については、粘土で立体を作り、実際に切って説明することもできます。次のステップとして、立体に切断線から辺や頂点を数えながら、断面の形を類推してみましょう。就学前のお子さまにとっては、立体を捉えるだけでも難しいことですから、目で見ながら教えられるよう、工夫してください。

【おすすめ問題集】
Ｊｒ・ウォッチャー10「四方からの観察」、31「推理思考」

問題20　分野：口頭試問（常識）

〈準備〉　なし

〈問題〉　①仲間を探しましょう。また何の仲間かも言いましょう。
②③仲間はずれを探しましょう。また、その理由も言いましょう。

〈時間〉　各15秒

〈解答〉　①ダチョウ、ペンギン、キツツキ：鳥の仲間
②ナス：ほかは土の中にできる野菜　③アシカ：ほかは卵から生まれる生物
※そのほか保護者の方が正解と思える共通点があれば正解にする

［2020年度出題］

学習のポイント

一般的な常識分野の問題は、知識として名前を知っていればできますが、ここでは複数のものの共通点を探す、それより深い知識が必要になります。これらの知識を得るには、単に机上でおぼえるのではなく、それぞれの物事について、さまざまな視点から捉える習慣を付けておくことが必要です。生き物であれば種類や生息地、どのような形態で生まれるかなど、また植物であれば季節、育つ場所、増え方などを考えるようにしましょう。保護者の方は、お子さまが新しいものに出会った際に説明や問いかけをして、興味を引き出してあげてください。知識の引き出しが増えなければ、それらを分類することもできるようにはなりません。

【おすすめ問題集】
Ｊｒ・ウォッチャー27「理科」、55「理科②」

問題21　分野：行動観察

〈準備〉　質疑応答：教室内に椅子を半円形に並べる
集団ゲーム：色違いの帽子（赤・青・黄・緑など）
自由遊び：ろくぼく（木製のはしご）、跳び縄、風船、ドッヂボール

〈問題〉　**この問題の絵はありません。**
質疑応答
・朝ごはんは何を食べてきましたか。
・住所を教えてください.
・近くの駅を教えてください。
・嫌いな食べものは何ですか。

集団ゲーム
①チームに分かれてリレーをしましょう。チームごとに色違いの帽子をかぶってください。
②宇宙人鬼ごっこをします。「頭星人」「おなか星人」「お尻星人」の３つに分かれ、それぞれ頭・おなか・お尻に手を置きながら鬼ごっこをします。タッチされたらその星人に変身します。最後に１番多く残っている星人の勝ちです。

自由遊び：
ここでは自由に遊びましょう。笛が鳴ったらおしまいです。

〈時間〉　各５分程度

〈解答〉　省略

［2020年度出題］

学習のポイント

質疑応答では、１人ずつ立って、氏名と幼稚園・保育園・こども園の名前を言ってから質問されます。はじめて会うお友だちのいる中で、はきはきと話せるよう、ふだんから心がけてください。集団ゲームでは、ルールを理解した上でそれを守り、お友だちと楽しく遊べるかどうかが観られています。自由遊びでは、用意された遊び道具を適切に使ってお友だちといっしょに遊べるかどうか、という協調性がポイントです。いずれもお子さまのお友だちとの接し方を観ることで、入学後の集団生活への適性を見極める課題です。ふだんのお友だちとの接し方をチェックしてみてください。気になることがあった際には、頭ごなしに「ああしなさい、こうしなさい」と言うのではなく、お子さまの考えに耳を傾けた上で「こうしたらどうかな」「○○さん（お友だちの名前）は、こう思うんじゃないかな」などと、他者への想像力を育むようなアドバイスを心がけてください。

【おすすめ問題集】
Ｊｒ・ウォッチャー29「行動観察」

問題22　分野：制作・行動観察

〈準備〉　絵本、画用紙、折り紙、ビニールテープ、牛乳パック（大小）、段ボール、モール、毛糸、ストロー、輪ゴム、カラーチューブ、カラービニール袋（大）、ストロー、封筒

〈問題〉　**この問題の絵はありません。**

○１日目（男子）
（導入として、①では絵本『わにわにのおでかけ』（小風さち著・福音館書店刊）、②では『ねずみのいもほり』（山下明生著・チャイルド本社刊）を読み聞かせる。③は読み聞かせなし）
①『わにわにのおでかけ』の話に出てきたお祭りの道具を作りましょう。その後はお祭りごっこをして遊びましょう。
②『ねずみのいもほり』の話に出てきた動物のお面や衣装を作ってください。その後は劇をしましょう。
③封筒を使って生きものを作ってください。できたらパクっとエサを食べるゲームをしましょう。

○2日目（女子）
（導入として①では絵本『つみきでとんとん』（竹下文子著・金の星社刊）、②では『おまつり』（あずみ虫著・白泉社刊）、③では『おやおや、おやさい』（石津ちひろ著・福音館書店刊）を読み聞かせる。④は読み聞かせなし）
①『つみきでとんとん』の話に出てきたものを作りましょう。終わったら何を作ったかを発表してください。
②『おまつり』の話に出てきたものを選んで作りましょう。終わったら何を作ったかを発表してください。
③『おやおや、おやさい』の話に出てきたものを選んで作りましょう。その後で劇をしましょう。
④グループで相談して作りたい食べもの（お菓子）を決めて作ってください。その後でお店屋さんごっこをしましょう。

○3日目（男女）
（導入として①では絵本『ありとすいか』（たむらしげる著・ポプラ社刊）を読み聞かせる。②は読み聞かせなし）
①『ありとすいか』のお話に出てきたものを作りましょう。その後で劇をしましょう。
②遊べるおもちゃを作りましょう。その後でお店屋さんごっこをしましょう。

〈時間〉　各20分程度

〈解答〉　省略

［2020年度出題］

学習のポイント

４～５人のグループでテーマに沿った制作を行い、成果物を使って、劇やごっこ遊び、プレゼンテーションの形で発表する課題です。グループのお子さまそれぞれの意見に耳を傾け、それを１つにまとめて制作を分担し、みんなで発表するという、入学後のグループ学習を想定した設問です。2020年より全面実施されている学習指導要領では、新しい学びのあり方として、他者と議論し協力しながらの学習が示されており、各私立小学校では、その適性を観る設問が増えてきています。個人での学び以外の学習も重視されますので、受験対策の学習の段階でも、時に保護者の方といっしょに取り組むようにしてください。その際、どうすればスムーズに進めることができるのかも、お子さまにお伝えください。

【おすすめ問題集】
新口頭試問・個別テスト問題集、新ノンペーパーテスト問題集
Ｊｒ・ウォッチャー23「切る・貼る・塗る」、24「絵画」

問題23　分野：面接（保護者面接）

〈準備〉　なし

〈問題〉　**この問題の絵はありません。**

（質問例）

【父親へ】
・出身校と仕事についてお話しください。
・教会学校へはいつから通っていますか。きっかけは何ですか。
・キリスト教についてどのようにお考えですか。
・平日はお子さまとどのように触れ合っていますか。
・数ある私立の中で、なぜ本校を選んだのですか。
・在校生や卒業生からいろいろ初等部のことをお聞きになっているようですが、印象に残っていることはありますか。
・（卒業生の場合）初等部での思い出をお話しください。
・（上の子が在校生の場合）上のお子さまが入学する前と今では初等部の印象は変わりましたか。
・そのほか「調査書」や「面接資料」に基づく質問。

【母親へ】
・出身校と仕事についてお話しください。
・オープンスクールのお子さまの感想はどうでしたか。
・お母さまとお子さまが大切にしていることは何ですか。
・（上の子が在校生の場合）上のお子さまは下のお子さまに学校のことをどう話していますか。
・ファミリーフェアで気に入ったプログラムは何ですか。
・お通いの幼稚園・保育園・こども園の特徴を教えてください。
・（仕事をしている場合）保育園の送迎はどのようにしているのですか。
・お子さまはなにかお手伝いをしていますか。
・そのほか「調査書」や「面接資料」に基づく質問。

〈時間〉　10分程度

〈解答〉　省略

［2020年度出題］

学習のポイント

面接は保護者のみを対象に行われ、適性検査より前に行われます。面接資料には、本校の教育の様子をどのようにして知ったのか、またどのような点を評価して志望したのか、という学校についての質問と、どのようなことを心がけて子育てをしているか、お子さまの様子をどのように見ているのか、というお子さまの日常生活について記入します。入学にあたって、キリスト教の信徒であることは求められていないものの、キリスト教についての理解や、教会学校については重視されていますので、教会に通ったり、キリスト教や聖書についての理解を深めたりしておくことをおすすめします。

【おすすめ問題集】

新小学校受験の入試面接Ｑ＆Ａ、面接テスト問題集、面接最強マニュアル

問題１３－１

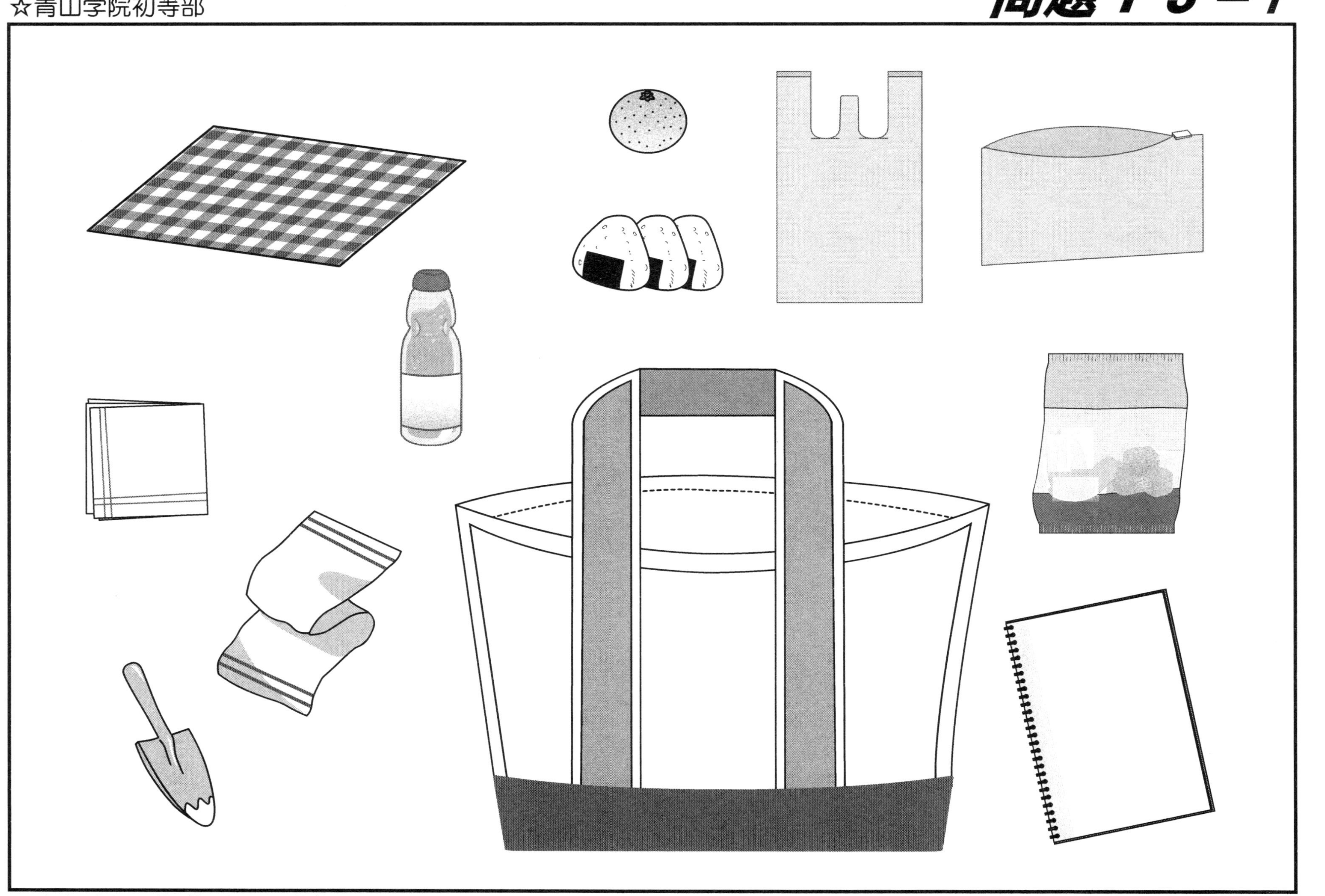

問題１３－２

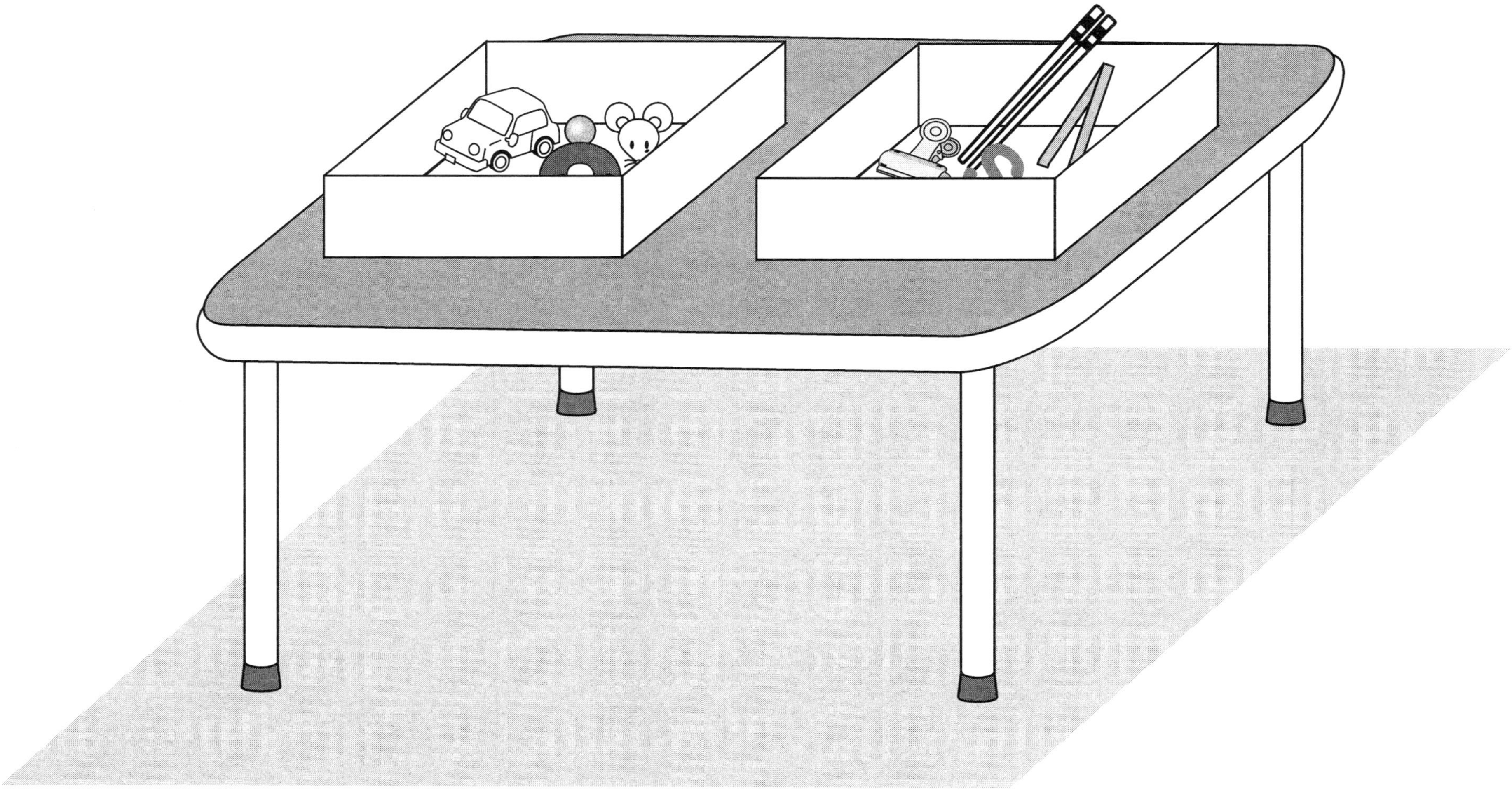

日本学習図書株式会社

問題１４

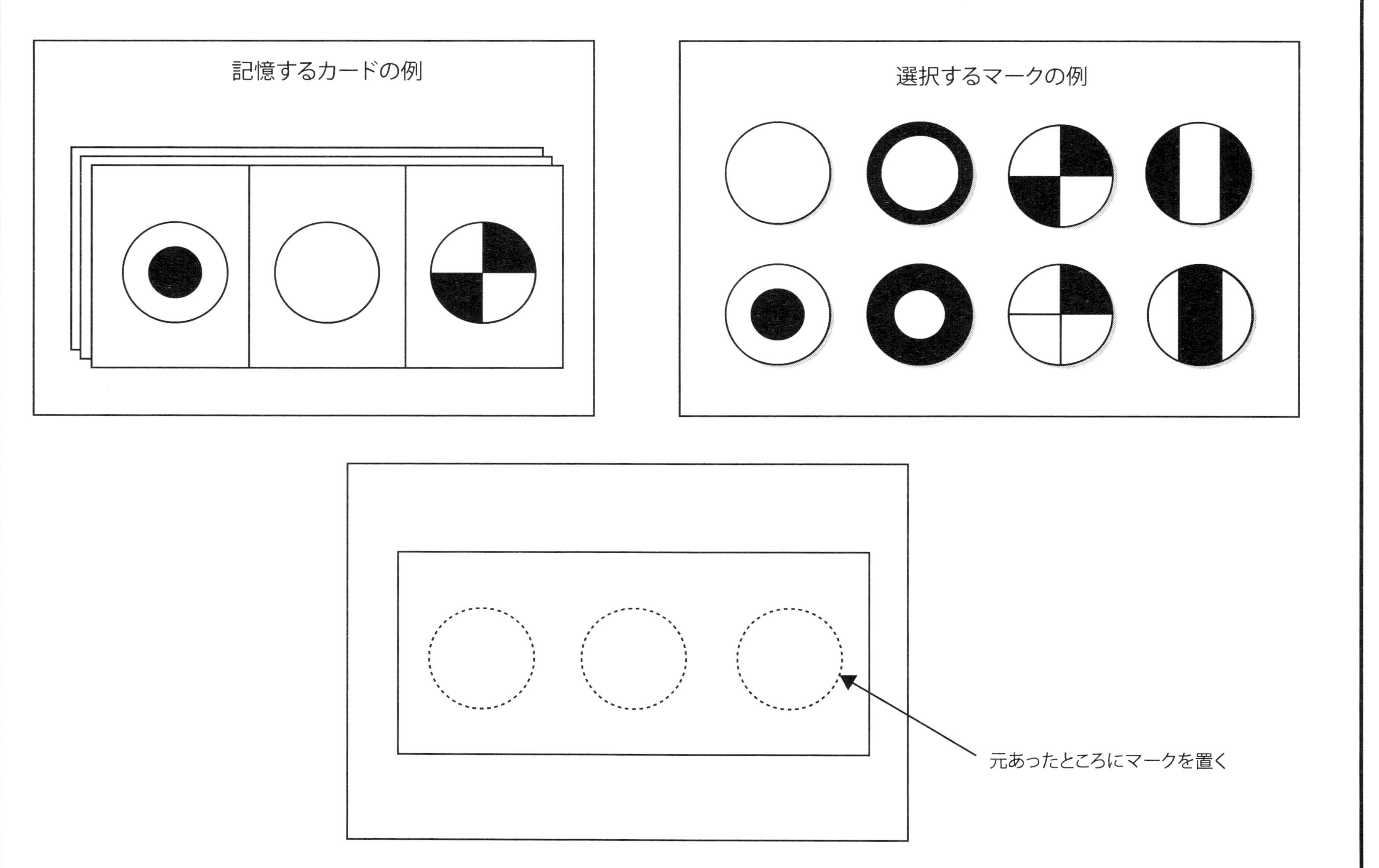

問題１６

?

☆青山学院初等部

問題１７

①

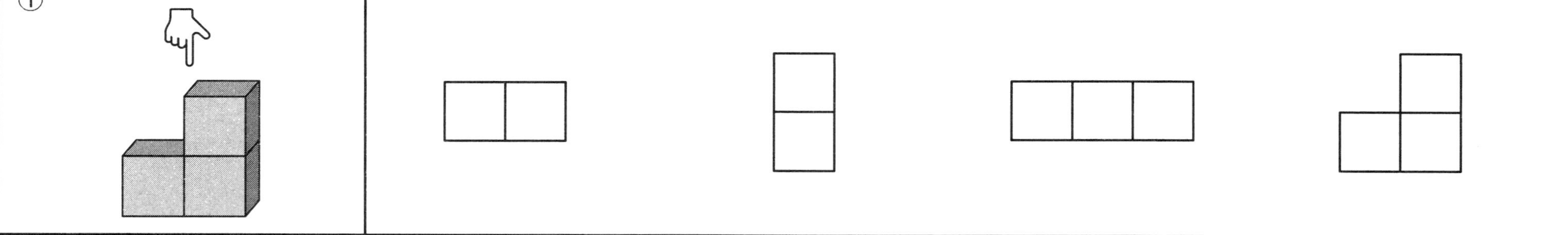

②

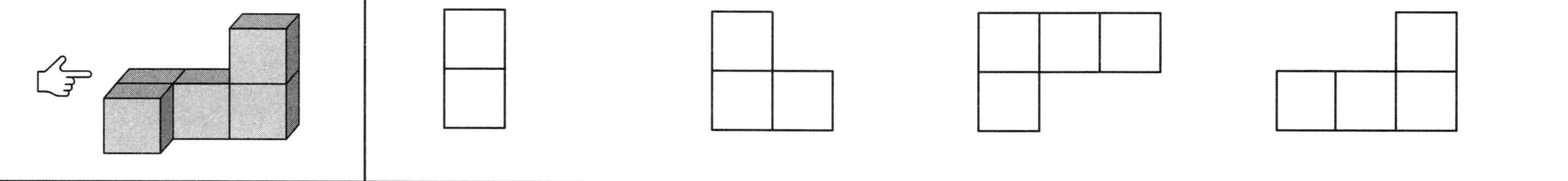

③

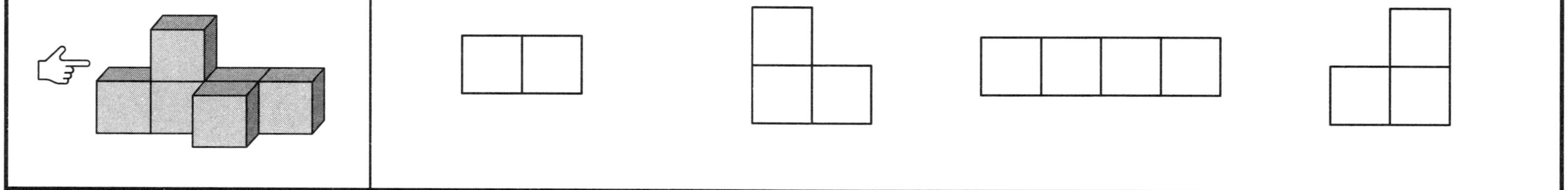

④

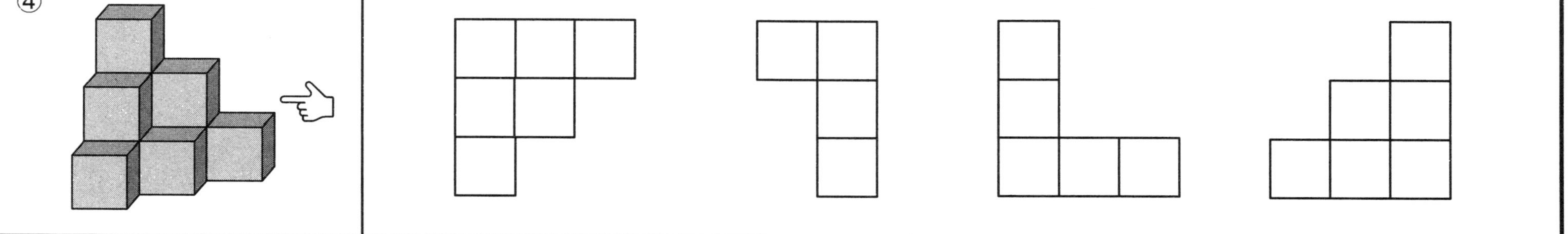

問題１８－１

①

問題18−2

②

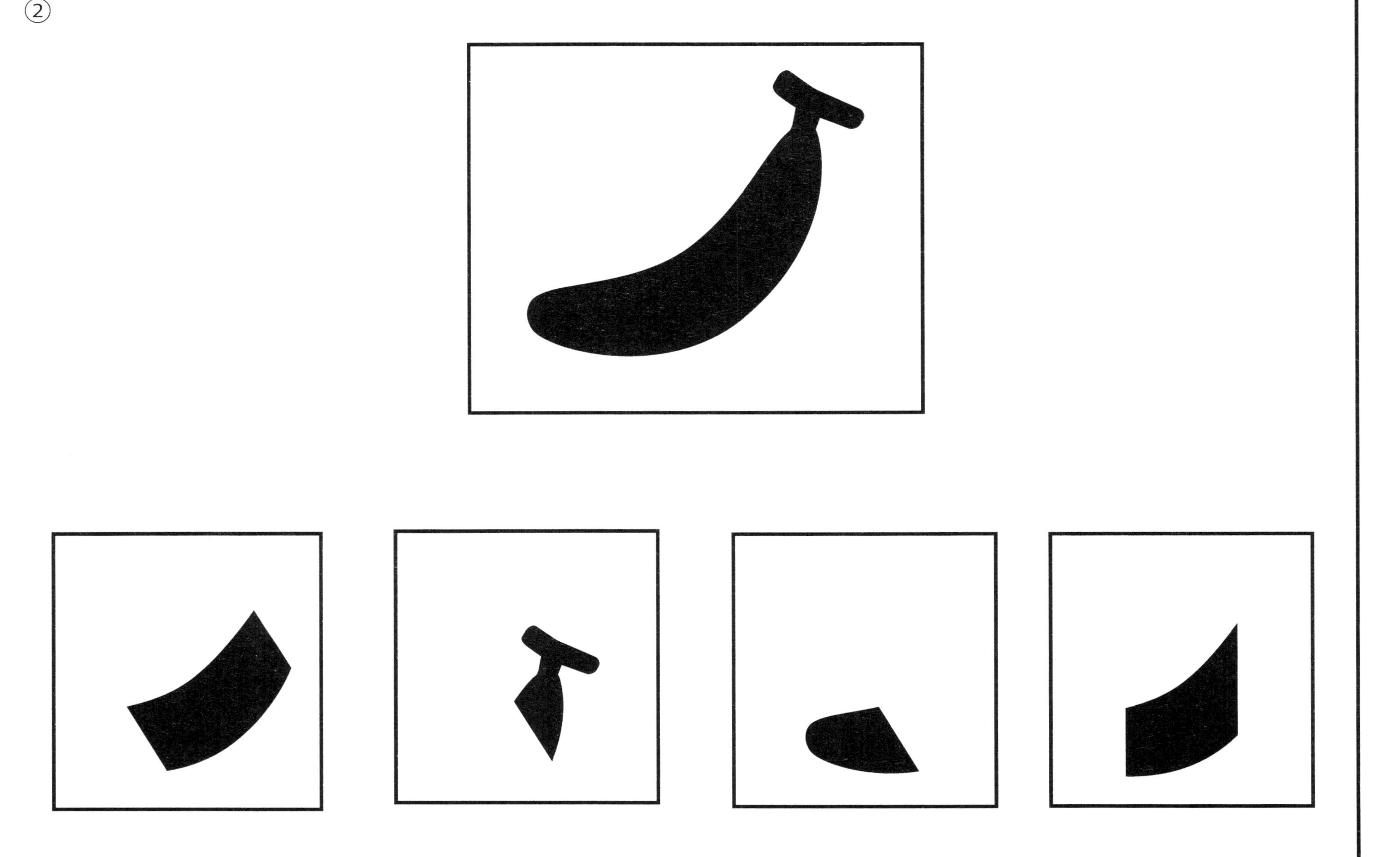

問題19

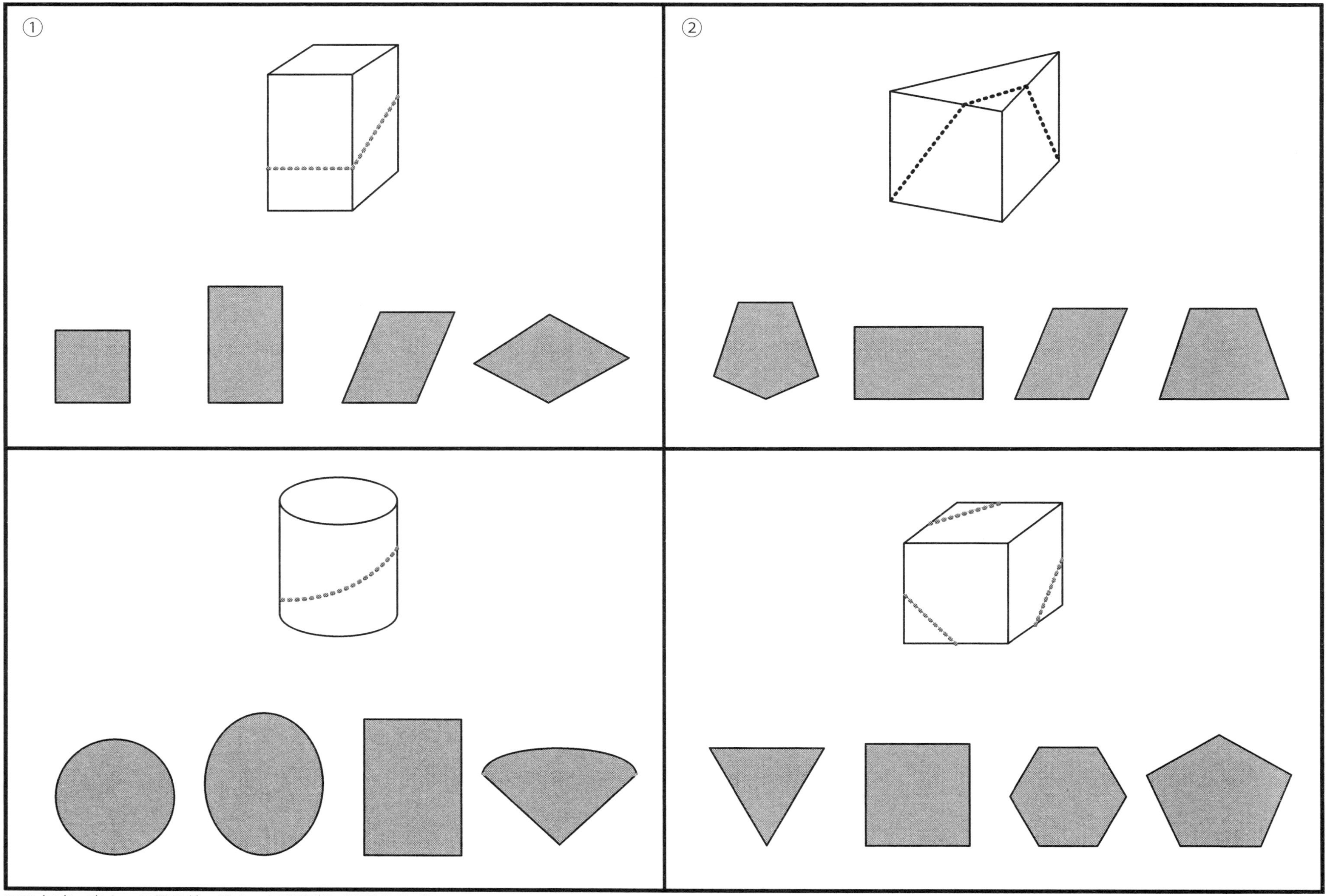

①

②

問題２０－１

問題２０－２

②

③

青山学院初等部　専用注文書

年　　月　　日

合格のための問題集ベスト・セレクション

＊入試頻出分野ベスト３

1st 行動観察　協　調　聞く力

2nd 図　形　考える力　観察力

3rd 記　憶　聞く力　集中力

当校の入試は、２日間合計で約４時間30分という長時間にわたるものです。学力だけでなく、お子さまの性格・協調性などの精神的なものも試されます。

分野	書　名	価格(税込)	注文	分野	書　名	価格(税込)	注文
図形	Ｊｒ・ウォッチャー４「同図形探し」	1,650円	冊	図形	Ｊｒ・ウォッチャー48「鏡図形」	1,650円	冊
図形	Ｊｒ・ウォッチャー５「回転・展開」	1,650円	冊	図形	Ｊｒ・ウォッチャー53「四方からの観察 積み木編」	1,650円	冊
図形	Ｊｒ・ウォッチャー８「対称」	1,650円	冊	常識	Ｊｒ・ウォッチャー55「理科②」	1,650円	冊
図形	Ｊｒ・ウォッチャー10「四方からの観察」	1,650円	冊	常識	Ｊｒ・ウォッチャー56「マナーとルール」	1,650円	冊
数量	Ｊｒ・ウォッチャー16「積み木」	1,650円	冊	言語	Ｊｒ・ウォッチャー60「言葉の音（おん）」	1,650円	冊
言語	Ｊｒ・ウォッチャー17「言葉の音遊び」	1,650円	冊		実践ゆびさきトレーニング①～③	2,750円	各　冊
言語	Ｊｒ・ウォッチャー18「いろいろな言葉」	1,650円	冊		新小学校受験の入試面接Q＆A	2,860円	冊
記憶	Ｊｒ・ウォッチャー19「お話の記憶」	1,650円	冊		家庭で行う 面接テスト問題集	2.200円	冊
記憶	Ｊｒ・ウォッチャー20「見る記憶・聴く記憶」	1,650円	冊		保護者のための 面接最強マニュアル	2.200円	冊
巧緻性	Ｊｒ・ウォッチャー23「切る・貼る・塗る」	1,650円	冊		新口頭試問・個別テスト問題集	2,750円	冊
巧緻性	Ｊｒ・ウォッチャー25「生活巧緻性」	1,650円	冊		新ノンペーパーテスト問題集	2,860円	冊
観察	ｒ・ウォッチャー29「行動観察」	1,650円	冊		１話５分の読み聞かせお話集①・②	1,980円	各　冊
推理	Ｊｒ・ウォッチャー31「推理思考」	1,650円	冊		お話の記憶問題集 初級編・中級編・上級編	2,860円	各　冊

合計	冊	円

（フリガナ） 氏　名	電　話 ＦＡＸ E-mail
住 所　〒　　　－	以前にご注文されたことはございますか。 有　・　無

★お近くの書店、または記載の電話・FAX・ホームページにてご注文をお受けしております。
電話：03-5261-8951　FAX：03-5261-8953　代金は書籍合計金額＋送料がかかります。
※なお、落丁・乱丁以外の理由による商品の返品・交換には応じかねます。
★ご記入頂いた個人に関する情報は、当社にて厳重に管理致します。なお、ご購入の商品発送の他に、当社発行の書籍案内、書籍に関する調査に使用させて頂く場合がございますので、予めご了承ください。

日本学習図書株式会社
http://www.nichigaku.jp

◎学習効果を上げるため、前掲の「家庭学習ガイド」及び「合格のためのアドバイス」をお読みになり、各校が実施する入試の出題傾向を、よく把握した上で問題に取り組んでください。
※冒頭の「本書ご使用方法」「本書ご使用にあたっての注意点」も併せてご覧ください。

〈目黒星美学園小学校〉

2021年度の最新問題

問題24　分野：お話の記憶

〈準備〉　鉛筆

〈問題〉　**この問題の絵は縦に使用してください。**
これからお話をします。よく聞いて、後の質問に答えてください。

春のあたたかな日。けんちゃんが公園で遊んでいると、「けんちゃん！　遊ぼう！」と友だちのみさきちゃんがやってきました。けんちゃんとみさきちゃんは、とても仲良しです。「うん。遊ぼう！」けんちゃんが答えました。最初に２人はブランコに乗って遊びました。でも、けんちゃんはブランコをこぐのがあまり上手ではありません。「ぼくもみさきちゃんみたいに、上手にこぎたいなぁ」そう話すと、みさきちゃんがブランコを降りて、けんちゃんのブランコの所まで近づいてきました。「こうやってこぐと上手にこげるわよ」みさきちゃんにブランコのこつを教えてもらって、けんちゃんのブランコはどんどん高くなっていきます。「すごい！　空がどんどん近くなっていくね！」けんちゃんは、はじめて上手にブランコに乗ることができて、思わずにっこりとほほえみました。みさきちゃんも、そんなけんちゃんのうれしそうな顔を見て、いっしょに笑ってくれました。
次は砂場で遊びます。２人で相談して、大きなお城を作ることになりました。けんちゃんはお城を高く作ることが上手です。みさきちゃんは、せっせとたくさんの砂をバケツに入れて、けんちゃんの所に運びます。２人は協力して、絵本に出てくるような立派なお城をどんどん作っていきます。「みさきちゃん。もう少しで完成だね。お城のてっぺんに旗を立てたいけれど、何かよいものはないかな？」「葉っぱを旗の代わりにしたらどうかな？」「良いアイデアね。そうしましょう！」「やったぁ。完成だ！」２人は大喜びで飛び上がりました。
次はかくれんぼをして遊ぶことになりました。はじめはみさきちゃんが鬼です。けんちゃんは、ベンチの後ろに隠れました。「３、２、１……、もういいかい？」「もういいよ」けんちゃんはすぐにみさきちゃんに見つかってしまいました。次はけんちゃんが鬼です。「もういいかい？」「まあだだよ」「もういいかい？」「まあだだよ」みさきちゃんの声が少しずつ小さくなっていきます。「もういいかい？」「もういいよ」けんちゃんはみさきちゃんを探し始めました。でも、どこを探してもみさきちゃんが見つかりません。「みさきちゃん。どこに行ったんだろう？」青かった空も少しずつオレンジ色に変わってきたので、けんちゃんはだんだん心配になってきました。すると草むらの中からガサガサっと何かが動く音がしました。けんちゃんがその音のする方を見ると、白いヘアバンドが見えました。「あっ。みさきちゃん。見いつけた！」すると、みさきちゃんが「ううん」と声を出しました。「みさきちゃん。大丈夫？」みさきちゃんは目をこすりながら、「あれ？　見つかっちゃった！　わたし、知らない間に眠ってしまっていたんだね」「ずいぶん探したよ！　よかった」２人は顔を見合わせてにっこり笑いました。「今日もたくさん遊んで楽しかったね」「うん。そうだね」「また明日も遊ぼうね」そう言って２人はさよならをして、お家に帰っていきました。

（問題24の絵を見せる）
①「すごい！　空がどんどん近くなっていくね！」とブランコに乗っているけんちゃんが話している時、みさきちゃんはどんな顔をしていましたか。正しいと思うみさきちゃんの絵に○をつけましょう。
②みさきちゃんたちが作った砂のお城はどれですか。正しいと思う絵に○をつけましょう。
③かくれんぼで、みさきちゃんがなかなか見つからない時、けんちゃんはどんな顔をしていましたか。正しいと思うけんちゃんの絵に○をつけましょう。
④みさきちゃんはどこに隠れていましたか。正しいと思う絵に○をつけましょう。
⑤みさきちゃんを見つけた時に、けんちゃんはどんな顔をしていましたか。正しいと思うけんちゃんの絵に○をつけましょう。

〈時間〉　各10秒

問題25　分野：言語（しりとり・尾音探し）

〈準備〉　鉛筆

〈問題〉　すべての絵が、しりとりでつながります。「めがね」で始まるしりとりでつながるように線で結びましょう。

〈時間〉　30秒

問題26　分野：言語（動詞の使い方・生活常識）

〈準備〉　鉛筆

〈問題〉　この絵の中で、男の子が「ぬいている」絵はどれでしょう。正しいと思うものすべてに○をつけましょう。

〈時間〉　１分

問題27　分野：系列（推理）

〈準備〉　鉛筆

〈問題〉　くだものが決まった順番で並んでいます。星とハートの枠に当てはまるくだものを、それぞれ下から選んで○をつけましょう。

〈時間〉　10秒

問題28　分野：常識（理科）

〈準備〉　鉛筆

〈問題〉　上の絵と同じ仲間のものを選んで線で結びましょう。

〈時間〉　15秒

問題29　分野：図形（鏡図形）

〈準備〉　鉛筆

〈問題〉　男の子が鏡の前に立っています。鏡にはどのように映っているでしょうか。正しいと思うものに○をつけましょう。

〈時間〉　15秒

問題30　分野：図形（展開）

〈準備〉　鉛筆

〈問題〉　下の絵のように1回折った折り紙の先のところをハサミで切ります。折り紙を広げると、折り紙はどのような形になっているでしょうか。正しいと思うものに○をつけましょう。

〈時間〉　1分

問題31　分野：図形（積み木・四方からの観察）

〈準備〉　鉛筆

〈問題〉　黒い積み木をくずさないで組み合わせるとできる形はどれでしょうか。四角の枠にある積み木から正しいと思うもの全部に○をつけましょう。

〈時間〉　30秒

問題32　分野：数量（たし算・ひき算）

〈準備〉　鉛筆

〈問題〉　(問題32の絵を見せる)
①朝、絵のように駐車場に車が止まっていました。お昼には5台車が出ていき、さらに3台入ってきました。今、駐車場に止まっている車の数は何台ですか。太陽のマークの横に、車の数だけ○をつけましょう。
②夜になると、さらに4台出ていき、2台入ってきました。今、駐車場に止まっている車の数は何台ですか。星のマークの横に車の数だけ○をつけましょう。

〈時間〉　各1分

問題33　分野：数量（数を分ける）

〈準備〉　鉛筆

〈問題〉　チューリップがあります。1つの花びんに3本ずつ入れます。花びんはいくつ必要ですか。必要な数だけ、花びんのマークの横に○をつけましょう。

〈時間〉　1分

問題２４

①

②

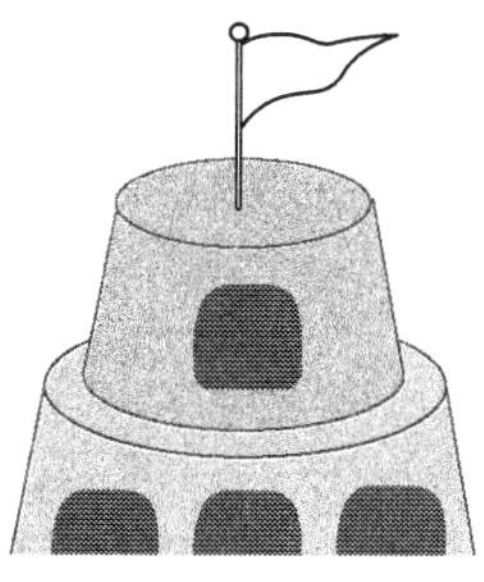   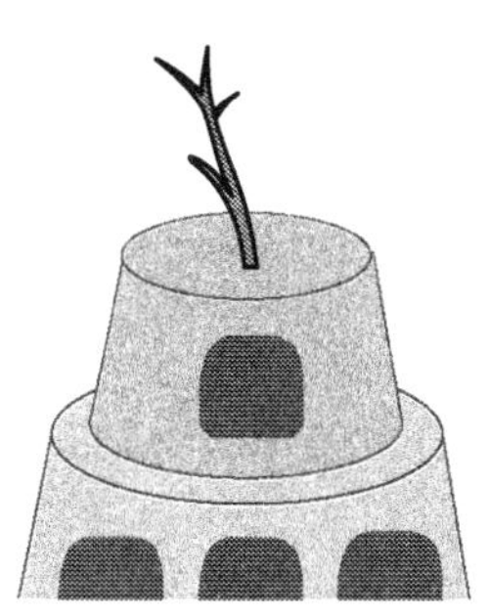

③

④

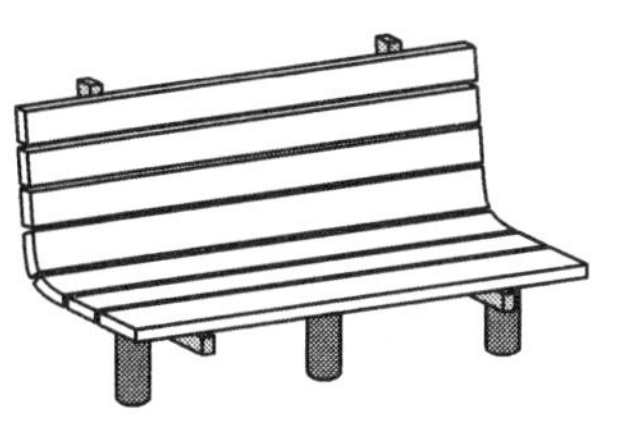   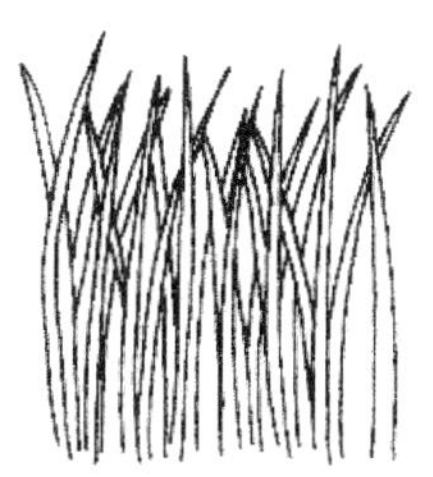

⑤

☆目黒星美学園小学校

日本学習図書株式会社

問題25

問題２６

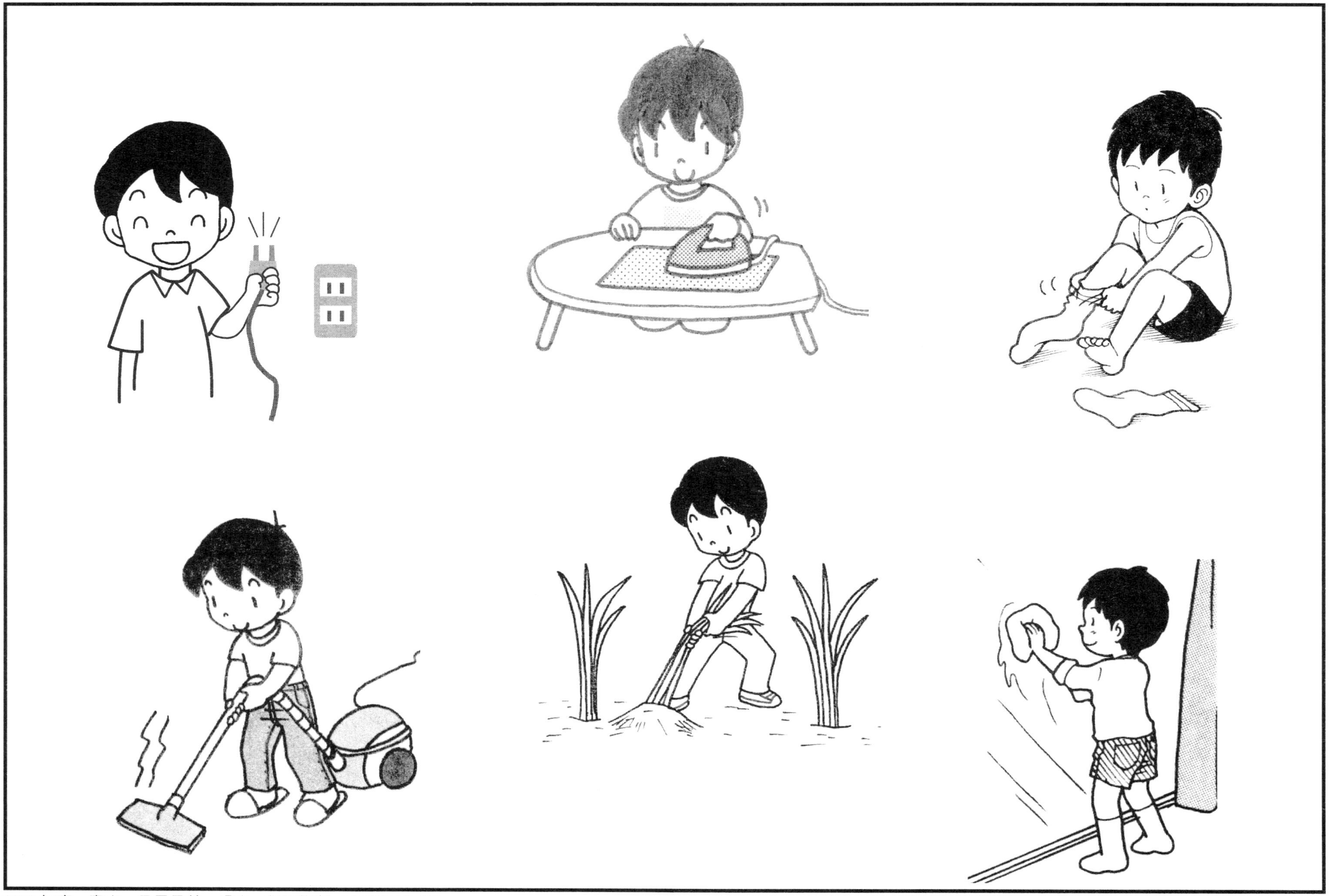

　

☆目黒星美学園小学校

問題２７

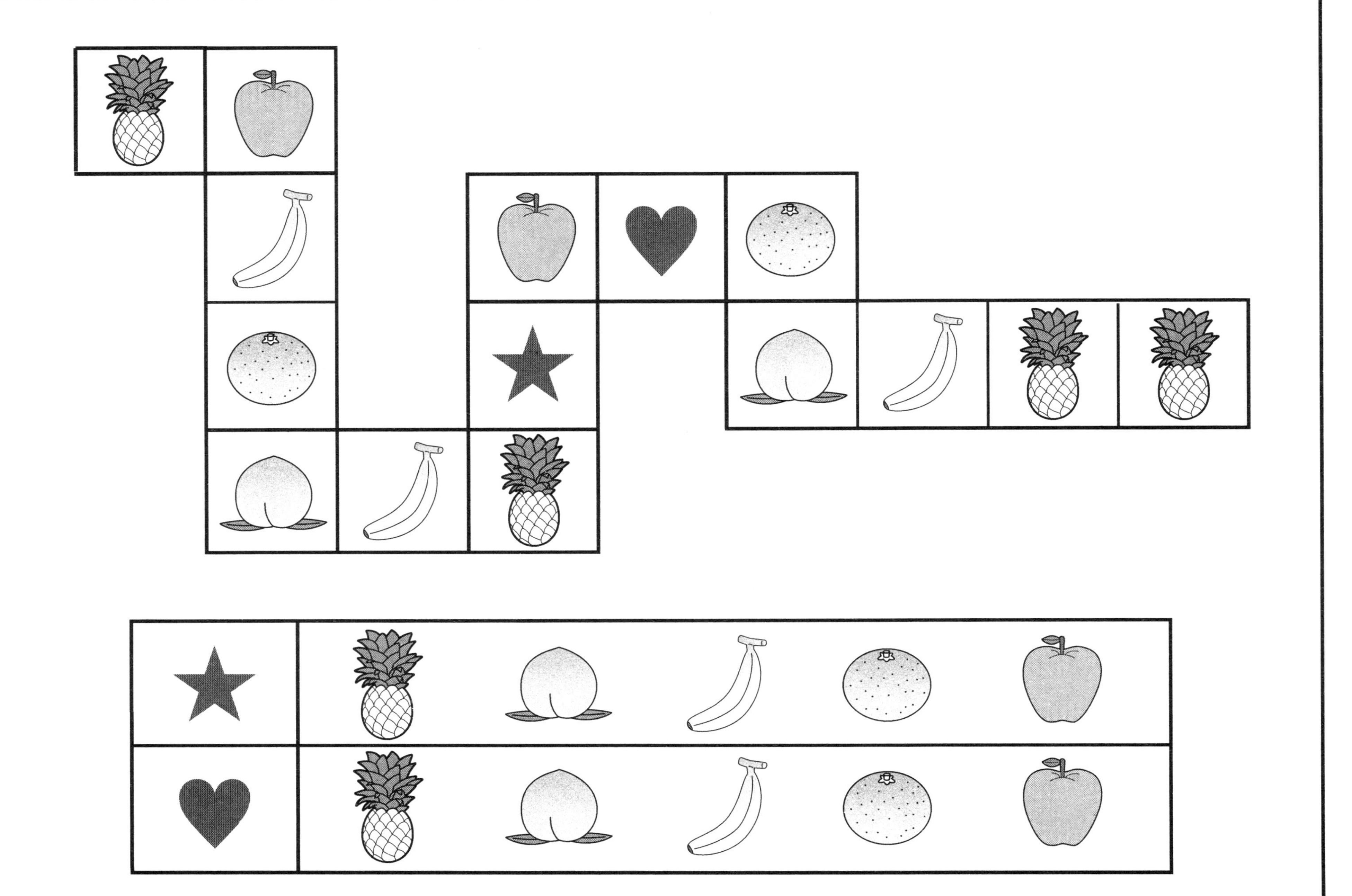

問題２８

問題29

問題３０

問題31

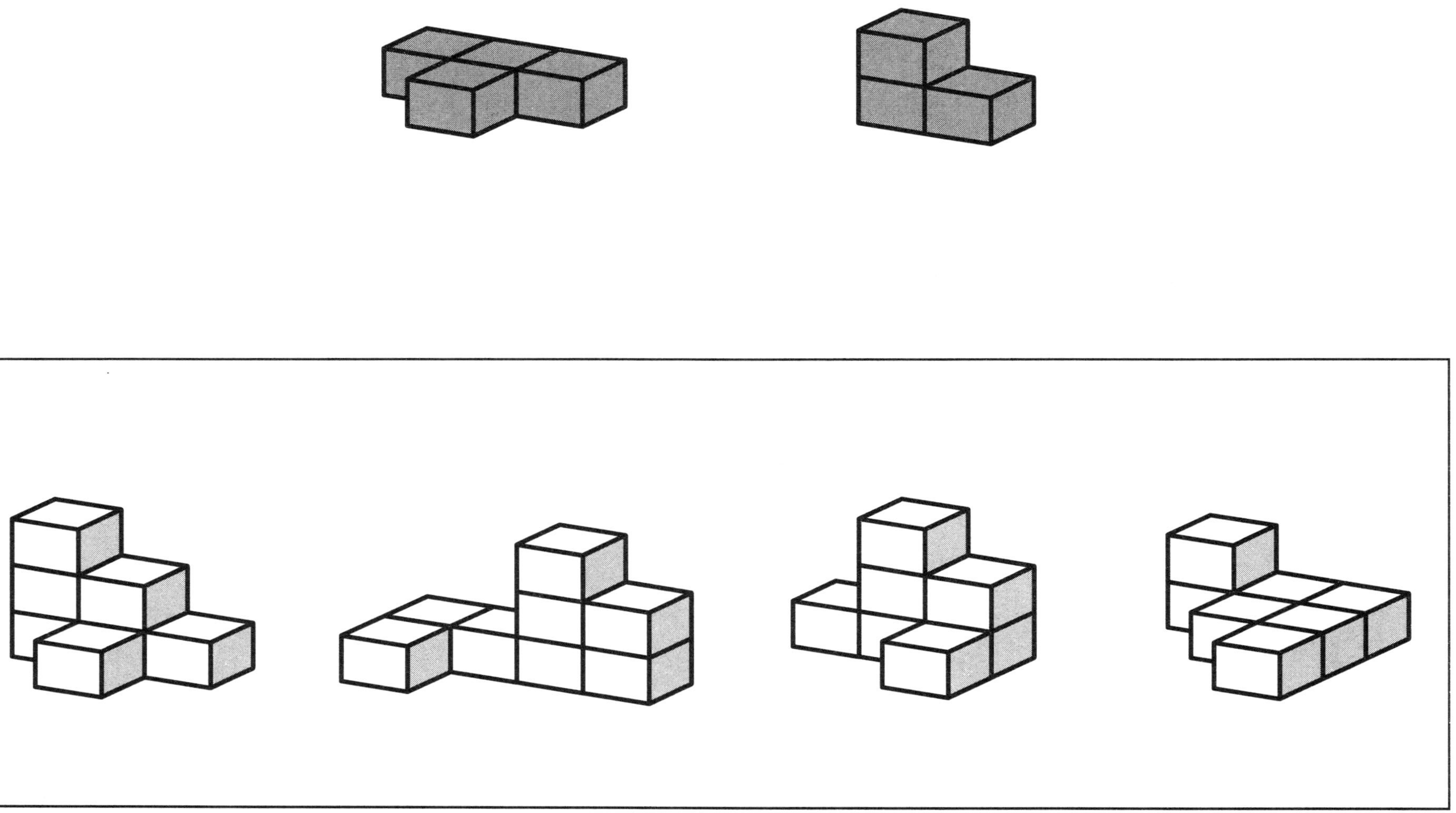

問題３２

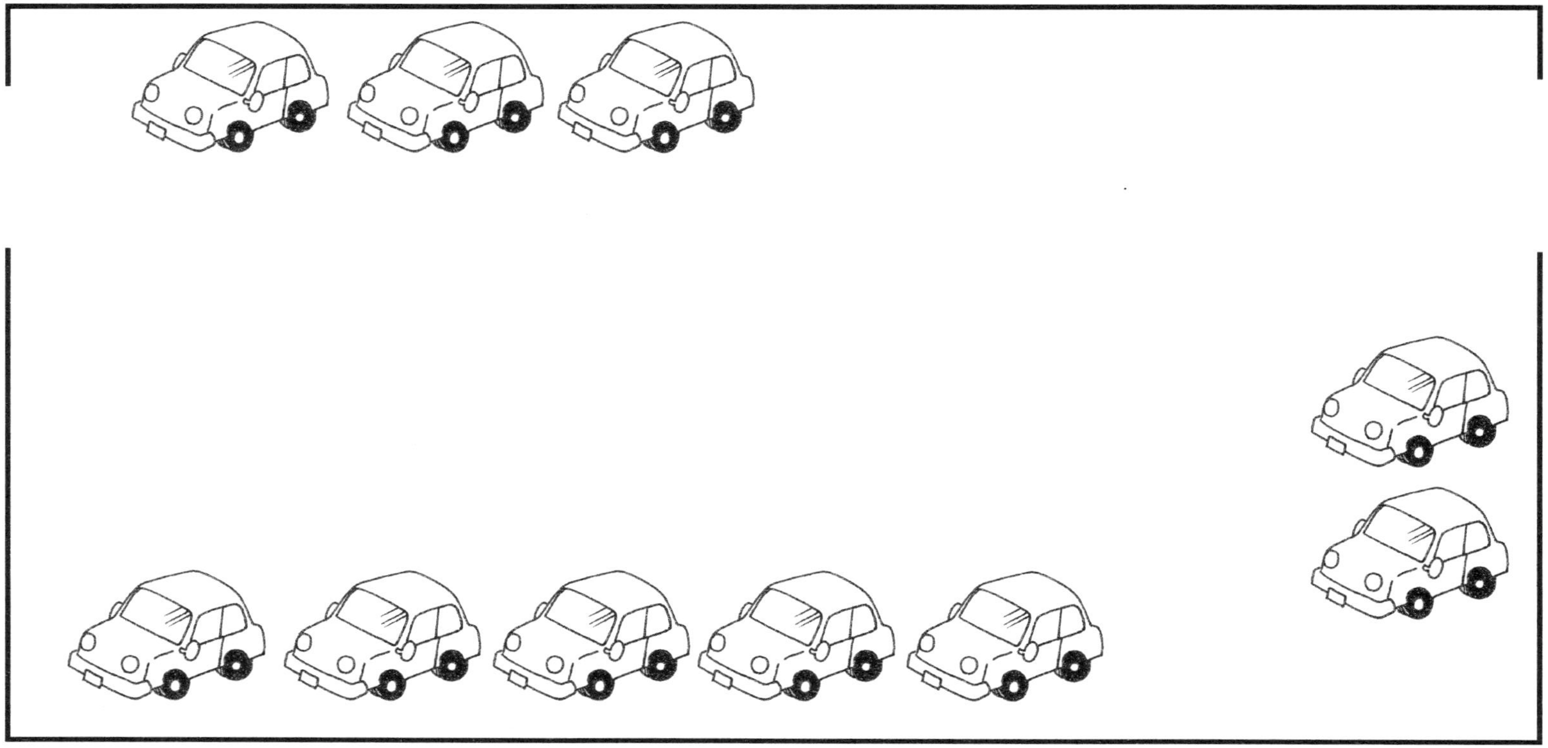

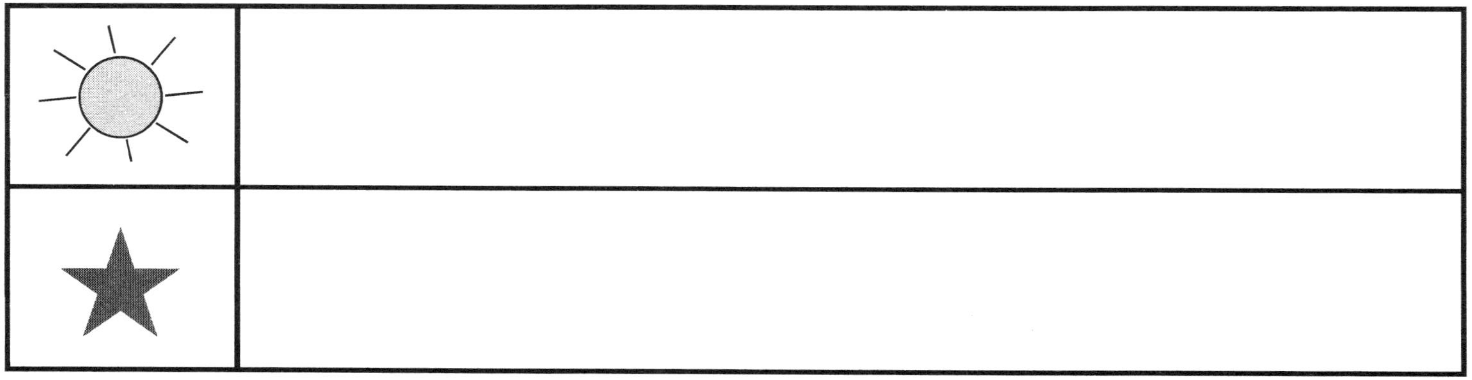

問題３３

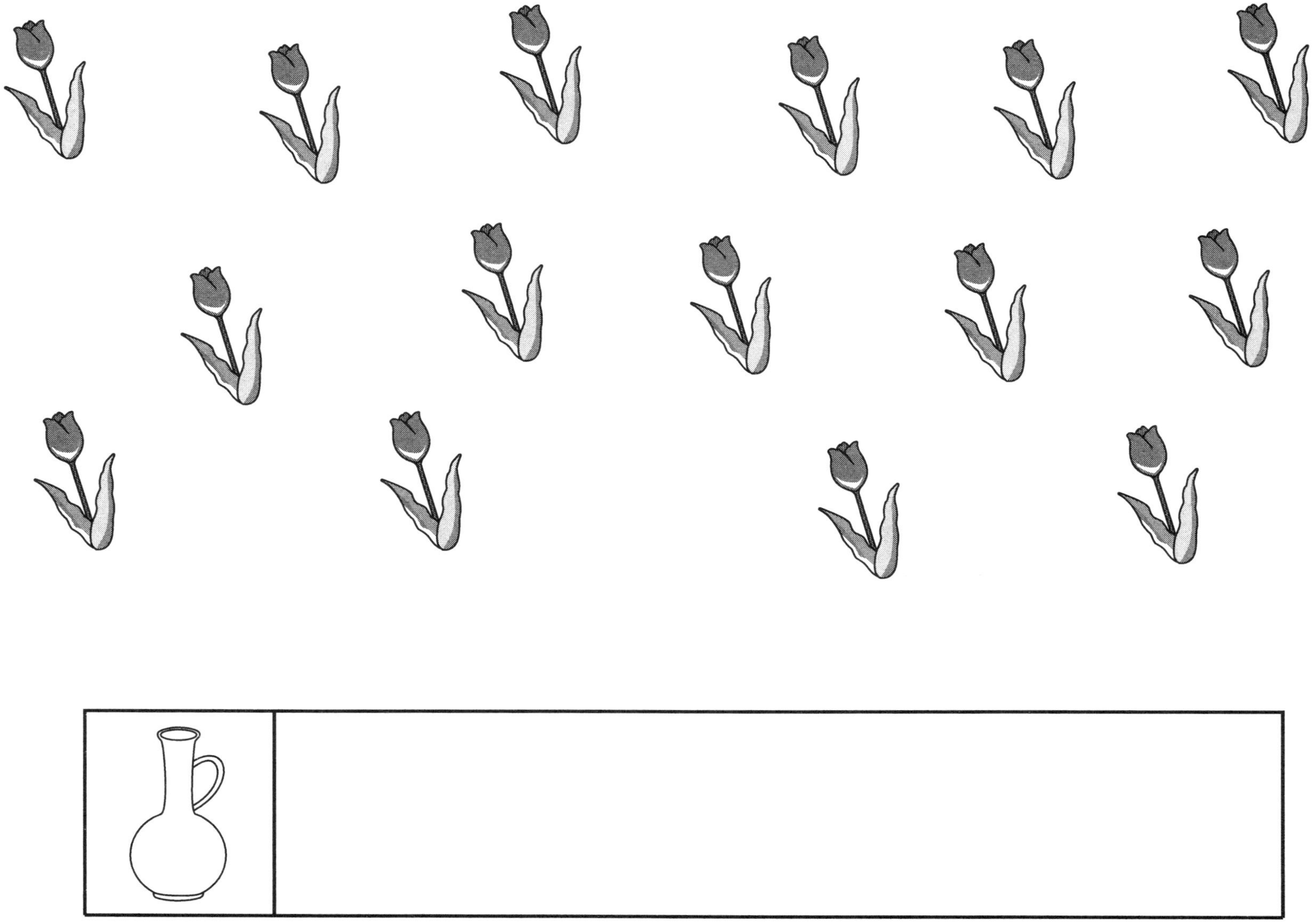

2021年度入試
解答例・学習アドバイス

解答例では、制作・巧緻性・行動観察・運動といった分野の問題の答えは省略されています。こうした問題では、各問のアドバイスを参照し、保護者の方がお子さまの答えを判断してください。

問題24　分野：お話の記憶

〈解答〉　①左端（笑っている）　②左から２番目（葉っぱ）
③右から２番目（心配している）　④右端（草むら）
⑤左端（にっこり笑う）

「お話の記憶」は、場面をイメージしながら聞くことが大切です。２人の子どもたちが公園で遊んでいるお話ですが、ブランコ、砂場、かくれんぼという３つの場面がありますので、「どこで」「誰が」「何をした」を混同しないよう、きちんとイメージしながら聞きましょう。②では、「葉っぱを旗の代わりにした」、特に④では、けんちゃんと、みさきちゃんそれぞれが隠れた場所を聞かれます。いかにも混乱しそうなので注意してください。また、この問題では、子どもたちの気持ちや感情を聞いています。ただストーリーを追いかけるのではなく、登場人物の気持ちも想像しながら、お話を聞いてみましょう。さらにお話をよく理解できるようになるはずです。当校では、登場人物の気持ちや感情を問う設問が例年、出題されています。これは、年齢なりのコミュニケーションが取れるかどうかをチェックしているのです。

【おすすめ問題集】
１話５分の読み聞かせお話集①②、お話の記憶 初級編・中級編・上級編

問題25 分野：言語（しりとり・尾音探し）

〈解答〉 下図参照

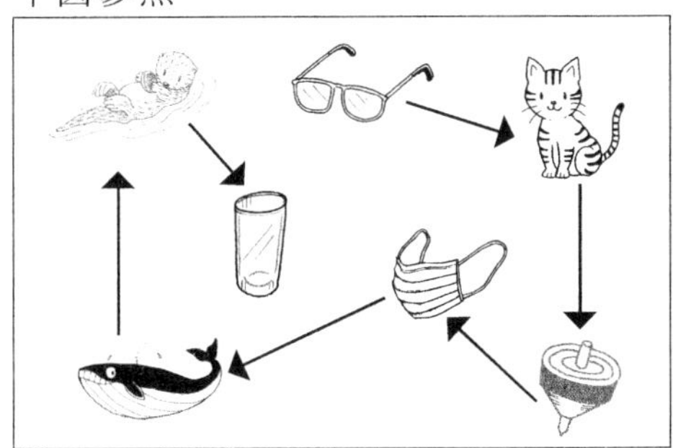

「しりとり」の問題では、年齢なりの言葉を知っているかが観られています。始まりが「めがね」と決まっているので、ほかの絵が何かわかれば、あまり迷わずに解くことができるでしょう。最初に「めがね」以外の６つの選択肢を１つずつ検証し、「ね」に続く２番目の語彙を見つけます。その次の３番目は５つの選択肢を検証して、１つを選ぶという方法で解いていくのですが、選択肢は年齢なりにわかって当然のものなので、消去法を使うまでもないでしょう。語彙を豊かにするのは簡単で、何でもよいのでお子さまに「これは何？」と質問をすればよいのです。できるだけお子さまが興味を持つものから始めるといいでしょう。お子さまが答えたら、続いて、文字数が同じだったり、頭文字が同じだったりする物の名前など、条件を加えた問題を出すと、どんどんお子さまは言葉を知っていきます。また、線はきれいに引くようにしてください。正解していたとしても、雑に線を引いてあれば印象が悪くなるかもしれません。

【おすすめ問題集】
Ｊｒ・ウォッチャー18「いろいろな言葉」、49「しりとり」、
51「運筆①」、52「運筆②」、60「言葉の音（おん）」

問題26　分野：言語（動詞の使い方・生活常識）

〈解 答〉　下図参照

この問題では、「動詞の使い方」を聞いています。「動詞」というと就学前のお子さまには難しく思えるかもしれませんが、要は動作を説明する言葉です。絵を見て、どういう動作かわからない場合は、単にその語彙を知らないだけのことですから、保護者の方が教えてあげればよいのです。教えてあげると言っても、動詞は、実際に動作をした経験がないと身に付かない言葉ですから、目の前でお子さまにその動作を見せてあげるのがベストです。また、靴下をはく時や、お手伝いをする時など、お子さまが何かをしている時に、保護者の方が「何をしているの？」と聞くことを習慣にし、動作の名前を覚えるようにしていきましょう。こうしたことの積み重ねが学習になるのです。

【おすすめ問題集】

Ｊｒ・ウォッチャー18「いろいろな言葉」

問題27　分野：系列（推理）

〈解 答〉　★：パイナップル　♥：バナナ

系列はものの並び方にパターン（小学校受験では「お約束」と言ったりします）を発見する問題です。例えば「○△□○△□」と記号が並んでいれば、「○△□」がパターンというわけです。この問題は「パイナップル・リンゴ・バナナ・ミカン・モモ・バナナ・パイナップル・★・リンゴ・?…」と並んでいます。一見しただけではパターンは見つからないでしょう。仮に果物を○や△などの図形に置き換えてもなかなか答えはわからないかもしれません。この問題限定ですが、以下のように答えを出してみましょう。①★や？がほかの果物からいくつ目にあるかを考える。②矛盾しないかどうかを確かめる。です。？になっているマスを考えると、モモから数えて３番目にあります。後の系列ではモモから３番目にあるのはパイナップルなので解答はパイナップルということになります。②の「矛盾しないかどうかを確かめる」をどうして行うかというと、仮に？をパイナップルの次に並ぶ果物と考えて前の部分を見ると、リンゴが答えになり、後の部分を見るとパイナップルが答えになります。矛盾しているので当然不正解、ということになるのですが、なぜかそうなのかということは小学校受験のレベルを超えていることなので、あえて説明する必要はないかもしれません。

【おすすめ問題集】
Ｊｒ・ウォッチャー６「系列」

問題28　分野：常識（理科）

〈解 答〉　下図参照

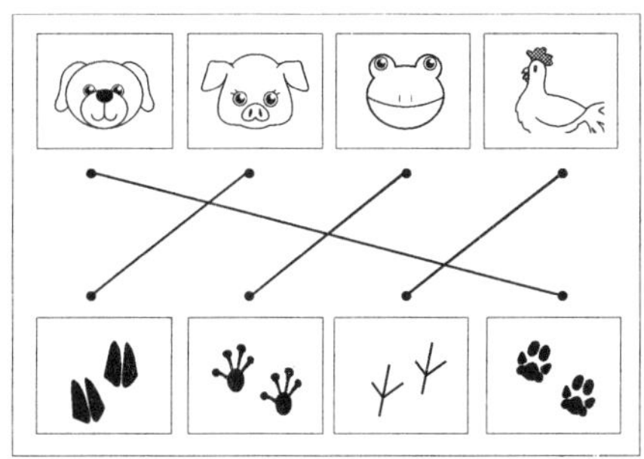

生きものとその足跡を結びつける理科的常識の問題です。ここでは、動物とその足跡という日常生活ではあまり目に触れることのないものについて聞いているので、年齢なりの常識や知的好奇心を持っているかどうかの観点でしょう。特に女の子の中には、昆虫や動物などといった生物に関心が薄いお子さまがいるかもしれません。生物に関する問題は、あまり難しいものはないので、習性や特徴、図鑑に載っているような基本的な知識は、一応は知っておくようにしましょう。もちろん、動物園や水族館、牧場などに家族で出かけて、生きた知識を遊びの中で身に付けられれば、お子さまの記憶により残りやすいかもしれません。ちなみに、生物に関する「仲間探し」の問題には、種類、生活環境、どのような形態で生まれるかなどがあります。さまざまな視点から生物について捉えられるようにしましょう。

【おすすめ問題集】
Ｊｒ・ウォッチャー11「いろいろな仲間」

問題29　分野：図形（鏡図形）

〈解答〉　下図参照

鏡図形の問題では、鏡に映るものは、左右が逆（反対）になるという「対称」を理解しているかが観られます。この設問では、男の子の挙げた手やカバンを掛けた肩、時計の短針の位置、ポットの持ち手と注ぎ口が、問題とは逆（反対）になっているものを選びます。鏡の見え方は日常生活で、実際に体験しながら覚えられます。実際に鏡に物を映して見せれば、お子さまも納得するはずです。また、実物と鏡映図は向かい合わせになっているので、選択肢の絵を左右対称にした絵が答えになるということも知っておいてください。頭の中で鏡映図がイメージできれば、対称の部分を１つひとつ検証する時間を省けるので、解答時間の短縮にもなります。

【おすすめ問題集】

Ｊｒ・ウォッチャー８「対称」、48「鏡図形」

問題30　分野：図形（展開）

〈解答〉　右から２番目

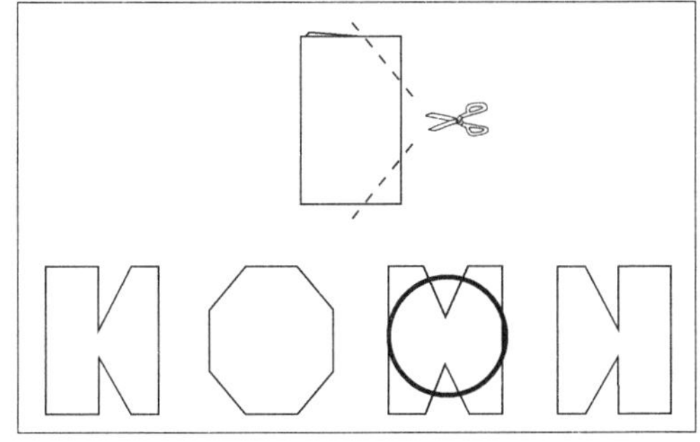

「展開」の問題です。絵のように、半分に折った紙を切るということは、左右同じ部分を切り取っていることになります。切った後に広げると、折った中心の線から左右が対称図形になりますが、「展開」「対称」と言ったところで、お子さまにはわかりませんから、実際に紙を広げ、「こうなる」と納得してもらう以外にありません。何度も繰り返せば、いずれは頭の中だけで展開図をイメージできるようになります。

【おすすめ問題集】

Ｊｒ・ウォッチャー５「回転・展開」、８「対称」

問題31　分野：図形（積み木・四方からの観察）

〈解答〉　下図参照

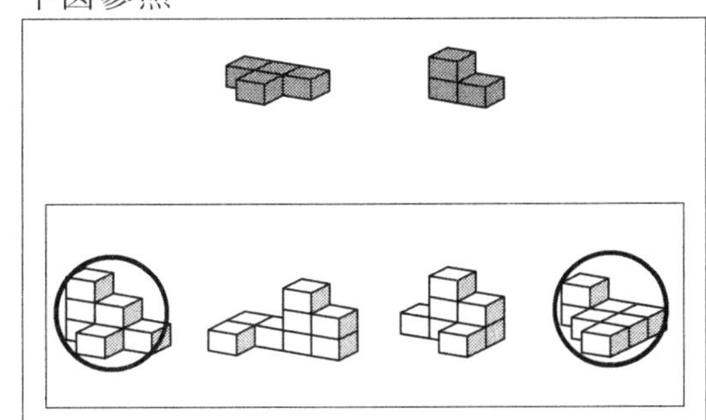

積み木の問題では、並べ方によって、ほかの積み木の陰になって見えない積み木があるということを理解できれば、ほとんどの問題は解くことができます。できれば、実際に積み木を使いながら、体感で覚えていきましょう。この問題では、白い積み木の中にある黒い積み木と同じ組み方をされた部分を塗りつぶしていきます。絵にそのものは描かれていなくても、2段目に積み木があるものは、1段目にも積み木があるということをここでも意識しながら作業を進めましょう。積み木遊びは、思考力や推理力を高めることができますので、楽しみながら行えるものとしては、かなり効率のよいものと言えるでしょう。

【おすすめ問題集】

Ｊｒ・ウォッチャー10「四方の観察」、16「積み木」、
53「四方の観察　積み木編」

問題32　分野：数量（たし算・ひき算）

〈解答〉　太陽○：８　星○：６

この問題では、出ていく車に線を引き、入ってくる車の数だけ○を加えればすぐにわかります。ただし、昼と夜の２回、出入りがあったりとかなり複雑な条件になっているので、よく理解してから印を付けるようにしてください。こうした数の問題は、おはじきなどの具体物を動かしながら、数の移動や変化を経験することが大切です。数の概念、つまり、「10以下のものであれば、一目でいくつあるかがわかる」といった感覚が身に付きます。まずは、家族やお友だちとお菓子などを分けたりすることから始めてください。

【おすすめ問題集】

Ｊｒ・ウォッチャー14「数える」、38「たし算・ひき算１」、
39「たし算・ひき算２」

問題33 分野：数量（数を分ける）

〈解答〉 ○：５

たくさん描かれているものを、いくつかのグループに分ける問題です。よくあるハウツーは、チューリップを３本ずつ○で囲むと、○で囲んだ固まりが５つできます。そうすると、○の数が必要な花びんの数となるので、すぐに答えが分かるというものです。答えを出すだけなら、それでも構わないのですが、将来につながる考え方をしてみましょう。前問でも述べましたが、こうした問題の観点は、１～10の数のものであれば、一目でいくつあるかがわかる、といった数に関する感覚が身に付いているかどうかです。そのため、○で囲むよりは「チューリップ３本が～個ある」と一目でわかるというのが、小学校受験での学習でも役に立つ能力になるというわけです。それには練習が必要ですから、具体物を分けるという作業をまず少ない数から始めて、段階的に数を増やしていってください。

【おすすめ問題集】
Ｊｒ・ウォッチャー14「数える」、37「選んで数える」、

2020年度以前の過去問題

問題34　分野：お話の記憶

〈準 備〉　鉛筆

〈問 題〉　これからお話をします。よく聞いて、後の質問に答えてください。

「明日は、楽しいイモほり遠足よ」お母さんが、くみちゃんに言いました。うれしいはずの遠足ですが、くみちゃんの頭は、今日幼稚園であったことでいっぱいでした。実は今日、くみちゃんは仲良しのあきちゃんと、積み木の取り合いでケンカになってしまったのです。まだ、仲直りはできていません。「明日、あきちゃんに会うの、いやだなぁ」と、くみちゃんは思っていました。ケンカのことをお母さんに話すと、「大丈夫よ。あきちゃんは、気にしていないわよ」と、お母さんは言いました。次の日の朝、みんなが幼稚園に集まりました。空には少し雲がありますが、太陽が出ています。くみちゃんのリュックには、ポケットが２つ付いています。花柄の水筒を掛けて、黄色の帽子をかぶって、出発の準備はばっちりです。「おはよう、くみちゃん。今日のイモほり。楽しみね」先生がくみちゃんに声をかけました。「あれ？　元気がないわね。仲良しのあきちゃんがお休みだから、元気がないのかな」「え」くみちゃんは、おどろきました。なんと、あきちゃんは風邪をひいてしまったというのです。みんなでバスに乗って、イモほりをする畑に向かいました。バスの中で、くみちゃんはあきちゃんのことをずっと考えていました。「さあ、イモ畑に着きましたよ」先生が言いました。くみちゃんはバスを降りると、一気に先生のところへかけて行きました。「先生、お願いがあります」と、くみちゃんは言いました。「どうしたの？　くみちゃん」と、先生はたずねました。「あきちゃんの分のイモも、掘っていいですか」と、くみちゃんは先生に言いました。先生は、笑顔で、「くみちゃん、お願いします」と答えてくれました。「よし、がんばるぞ」はじめにあきちゃんの分のイモを掘りました。長くて大きなイモが１本掘れました。「やったあ。あきちゃんよろこぶかなあ」くみちゃんはイモを袋に入れました。次に、自分のイモを掘りました。細い小さなイモと、丸い大きなイモが１本掘れました。先生が、「これもあきちゃんにあげようね」と、小さな丸っこいイモを２個くれました。「あきちゃん、元気になって幼稚園に来てくれるといいな。あきちゃんが来たら、イモを渡そう。そうだ、その時にあきちゃんに強く言ってしまったことをあやまろう」くみちゃんは、こんなことを思っていました。家に着いたくみちゃんは、遠足で疲れていたけれど、明るく元気な声であいさつをしました。

（問題35の絵を渡す）

①「明日は楽しいイモほり遠足よ」と言われた時のくみちゃんはどんな顔をしていましたか。正しいと思うくみちゃんの絵に○をつけましょう。
②くみちゃんのリュックと水筒はどれですか。正しいと思う絵に○をつけましょう。
③あきちゃんの分のイモはどれでしょう。ハートの描いてある□の中からすべて選んで、１つずつに○をつけましょう。
④くみちゃんの分のイモはどれでしょう。星の描いてある□の中からすべて選んで１つずつに○をつけましょう。
⑤「あきちゃんの分のイモも掘っていいですか」と聞いた時のくみちゃんは、どんな顔をしていましたか。正しいと思うくみちゃんの絵に○をつけましょう。

〈時 間〉　各10秒

〈解答〉　下図参照

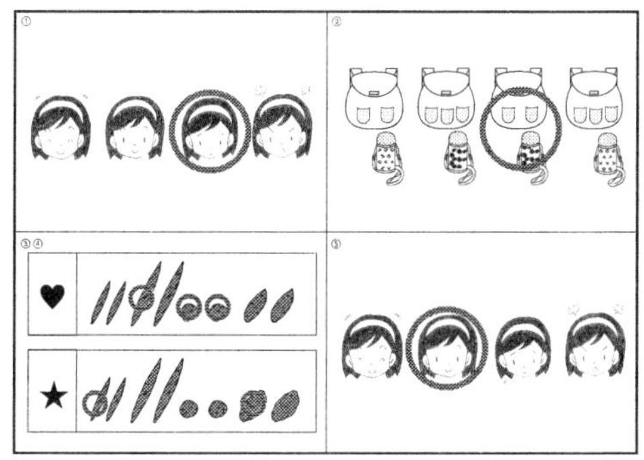

［2020年度出題］

学習のポイント

お話の記憶の問題です。1,000字程度の長目の文章なので、集中してお話を聞く必要があります。くみちゃんの感情を聞く設問が2問あります。解答するには、前後の出来事を聞きながら、登場人物の感情の変化も把握しておかなければなりません。お母さんに「イモほり遠足」の話をされた時点では、くみちゃんの頭の中は、昨日あきちゃんとケンカしてしまったことでいっぱいなので、不安そうな表情をしているのではないか。先生との会話の後に、「よし、がんばるぞ」と言っているので、やる気のある表情をしているのではないか。といったことをイメージしておくわけです。毎日の読み聞かせの時に、登場人物の心境の変化について問いかけをしましょう。「この人は、今どんな気持ち」といったことを問いかけ、いっしょに考えたりすると、お話をさらに深く理解できるはずです。

【おすすめ問題集】
1話5分の読み聞かせお話集①②、お話の記憶 初級編・中級編・上級編

問題35　分野：言語（しりとり・尾音探し）

〈準備〉　鉛筆

〈問題〉　①左上のリスからはじめて、しりとりをします。つながらないものに○をつけましょう。
②四角の中に描かれたものと、最後の音が同じものすべてに○をつけましょう。

〈時間〉　30秒

〈解答〉　下図参照

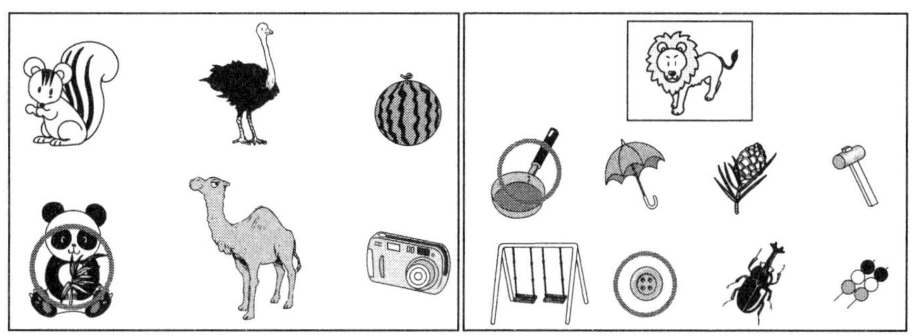

［2020年度出題］

学習のポイント

言葉の音（おん）の問題で、「しりとり」と、言葉の最後の音（尾音）が同じものを探す「尾音探し」が出題されています。大人は文字を使って書き出してから、その音について考えることができますが、小学校受験では、文字を理解できることを前提にはしていないので、そのようなことはできません。言葉を学習する時は実際に発音して、１つひとつの音を確認しながら進めてください。１音ずつ手を叩いて「リ・ス」「フ・ラ・イ・パ・ン」のように区切ってみると、音の区切りがわかりやすいでしょう。「ン」（撥音）や小さい「ッ」（促音）は１音として数え、小さい「ャ」「ュ」「ョ」（拗音）は前の音と合わせて１音として数えます。

【おすすめ問題集】
Ｊｒ・ウォッチャー18「いろいろな言葉」、49「しりとり」、
60「言葉の音（おん）」

問題36　分野：推理（系列）

〈準備〉　鉛筆

〈問題〉　矢印がお約束にしたがって並んでいます。星とハートの四角に当てはまる矢印を、それぞれ下の四角から選んで○をつけましょう。

〈時間〉　１分

〈解答〉　下図参照

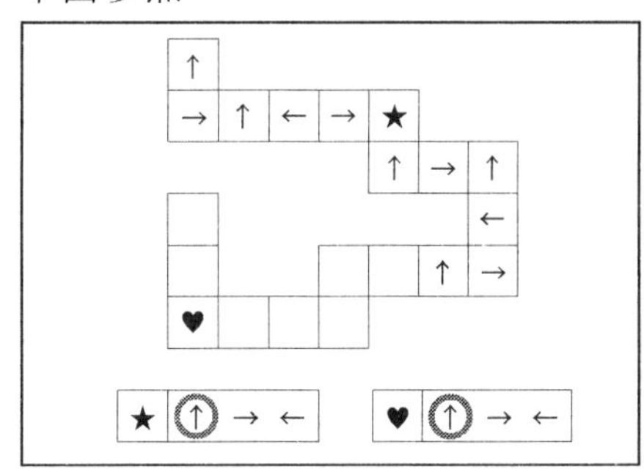

[2020年度出題]

家庭学習のコツ③　効果的な学習方法～問題集を通読する

過去問題集を始めるにあたり、いきなり問題に取り組んではいませんか？　それでは本書を有効活用しているとは言えません。まず、保護者の方が、すべてを一通り読み、当校の傾向、ポイント、問題のアドバイスを頭に入れてください。そうすることにより、保護者の方の指導力がアップします。また、日常生活のさまざまなことから、保護者の方自身が「作問」することができるようになっていきます。

学習のポイント

系列の問題です。系列の問題では、一定のパターンで繰り返される「お約束」を見つけなければなりません。本問の場合、並んでいる記号が３種類しかなく、１つの「お約束」の中に同じ記号が複数回出てくるため、見つけづらくなっています。「お約束」を探すには、１つの記号に注目し、次に同じ記号が出てくる場所を探して、「お約束」が何個の記号でできているのかを考えます。目で追うだけでは探しづらい場合には、記号の１つを左手の人差し指で、次に出てくる同じ記号を右手の人差し指で指し示します。その後、両手の人差し指を１つずつ右に動かしながら見ていくと、同じ並びになっているかどうかがわかります。本問では、左上の「↑」から「↑・→・↑・←・→・↑」と続く６個の記号が１セットになって繰り返されますから、１つの「お約束」の中に「↑」が３回出てくることになります。混乱するようであれば、全体を見て、出てくる回数が少なそうなもの（本問では「←」）からはじめてみてください。長くなりましたが、以上のような方法が「ハウツーを使った解き方」になります。答えるだけであれば便利な方法ですが、将来の学習につながるものではないので、なるべく使わないようにしてください。

【おすすめ問題集】

Ｊｒ・ウォッチャー６「系列」

問題37　分野：常識（理科）

〈準備〉　鉛筆

〈問題〉　四角の中のコップを見てください。このコップの中に入っている石をとると、コップの水はどうなりますか。下の絵から選んで、○をつけましょう。

〈時間〉　10秒

〈解答〉　下図参照

［2020年度出題］

学習のポイント

コップに入っている水に物体を入れるとコップの水の水位が上がる、ということを理解していないお子さまはいないでしょう。注意するとすれば、あらかじめコップに入っている石を取り除くので、選択肢に描かれているコップの水の水位は、石が入っていた時より下がっていることでしょうか。本問で学校側が観ようとしているのは、こうした気付きができるかということでしょう。日常での発見は、保護者の方が日頃の学習で実物を使って学習させたり、日常生活で教えたりしてこそ身に付くものです。ペーパー学習だけでなく、お風呂に入っている時やジュースに氷を入れる時など、水量の変化を観察する機会は生活の中に数多くあるはずです。さまざまな機会を利用してお子さまに見せ、その変化を教えていくとよいでしょう。

【おすすめ問題集】
Ｊｒ・ウォッチャー27「理科」、55「理科②」

問題38　分野：常識（いろいろな仲間）

〈準備〉　鉛筆

〈問題〉　上の絵と同じ仲間のものを選んで線で結びましょう。

〈時間〉　15秒

〈解答〉　下図参照

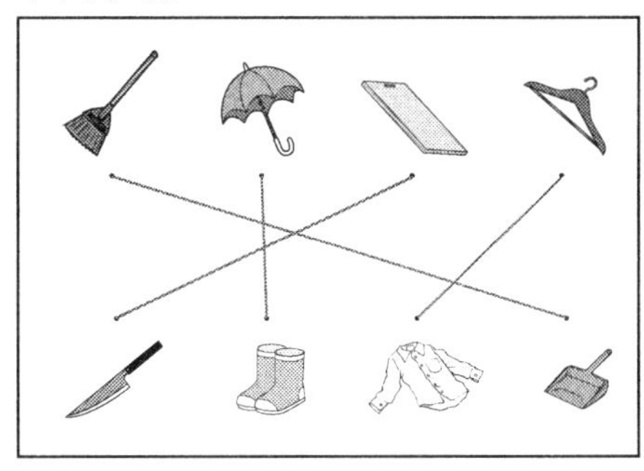

［2020年度出題］

学習のポイント

日常生活で用いられる道具を、使う場面ごとにグループ分けする問題です。それぞれの道具の使い方はもちろんですが、同じ場面で用いられるものをセットとして覚えていると答えやすくなります。本問に出てくるのは、ほうきとちりとり、傘と長靴、まな板と包丁、ハンガーとシャツなどの、身近なものです。掃除や料理のお手伝いをしていれば、スムーズに答えられるでしょう。細かく見れば「まな板と包丁」、「ハンガーとシャツ」の関係性は違ったりしますが、小学校受験では、そこまで考える必要はありません。机上の勉強だけでなく、生活から何を学んでいるか、ということも重視されます。保護者の方はふだんの生活のさまざまな場面にお子さまを参加させるよう、心がけてください。

【おすすめ問題集】
Ｊｒ・ウォッチャー11「いろいろな仲間」、12「日常生活」

問題39　分野：図形（四方からの観察）

〈準備〉　鉛筆

〈問題〉　前から見ると三角、下から見ると○に見える形はどれでしょう。下から選んで○をつけましょう。

〈時間〉　15秒

〈解答〉　下図参照

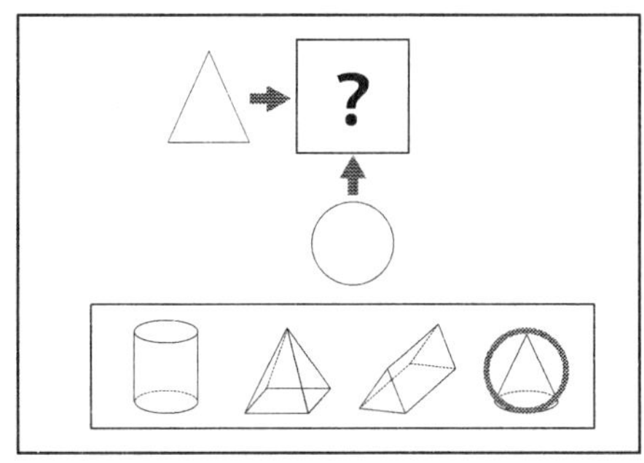

［2020年度出題］

学習のポイント

四方からの観察の問題です。本問では、一般的な四方からの観察とは異なり、２方向から見た平面図をもとに、元になる立体をイメージします。就学前の幼児は、絵にも「奥行き」を描くことは少なく、平面的に描くことが多いことからもわかるように、立体の感覚が完全に身に付いていないことが多くあります。平面図形から空間図形を考えさせる本問のような設問は難しいでしょう。空間図形の感覚を養うには、具体物を手にしたり観察したりして、頭だけでなく、目や手を使って体感することが必須です。さまざまな形の立体を、角度を変えて観察することはもちろん、さまざまな方向から見た絵を描かせてみるなどして、平面図形と空間図形との関係を教えてみてください。

【おすすめ問題集】

Ｊｒ・ウォッチャー10「四方からの観察」、53「四方からの観察　積み木編」

問題40　分野：図形（座標の移動）

〈準備〉　鉛筆

〈問題〉　これから先生が星がどのように進むかをお話しします。手はひざの上に置いたまま、先生のお話を聞きましょう。
　はじめに、上に３マス進みます。
　次に、右に２マス進みます。次に、下に２マス進みます。次に、左に４マス進みます。それから、上に３マス進み、下に２マス進みます。
　今、星がある場所に○をつけましょう。

〈時間〉　１分

〈解答〉　下図参照

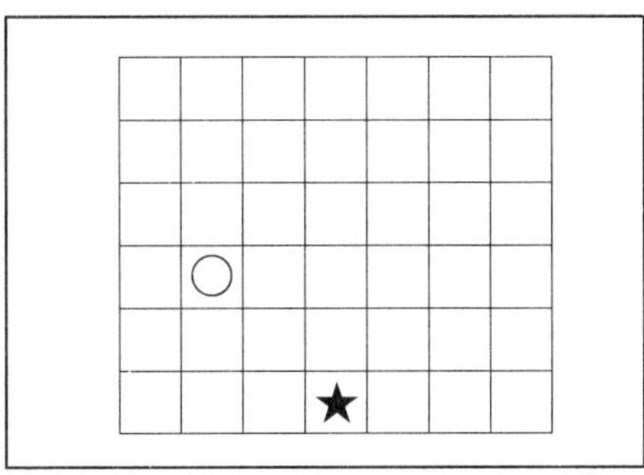

[2020年度出題]

学習のポイント

座標の移動の問題です。座標の移動とは、まず記号やマークなどの位置が定まっていて、そこから「右に１つ、上に３つ」というように、条件を変えることで、記号やマークがはじめの位置から移動するプロセスを頭の中で追っていく問題のことです。本問では、移動のステップが６つあることに加え、「手はひざの上に置いたまま」と規定されているので、指でなぞって解答することができません。試験本番では、指示をしっかり聞きつつ、マスの上を目で追いながら答えることになります。もちろん家庭での学習時には、マスの上におはじきなどを置いたり、各ステップでの移動を書き出したりしても構いませんが、入試までには、そういったことをしなくても解答できるようにしてください。すぐにというのが無理なら、１マスずつ数えないで考える、１つのステップは手を動かさずに考えるなど、段階的に学習してください。

【おすすめ問題集】
　Ｊｒ・ウォッチャー47「座標の移動」

問題41　分野：数量（数を分ける）

〈準備〉　鉛筆

〈問題〉　①（28-1の絵を見てください）
おやつがたくさん描いてあります。３人にアメ、ケーキ、アイスを、同じ数ずつ分けてあげると、何個余りますか。アメ、ケーキ、アイスそれぞれについて、余るおやつの数だけ、四角の中に○を書きましょう。
②（28-2の絵を見てください）
お友だちからリンゴを５個もらったので、妹に３個あげたら、お母さんがリンゴを４個くれました。そこで、今度は弟に２個あげました。今あるリンゴの数は、何個でしょう。その数だけ四角の中に○を書きましょう。

〈時間〉　各30秒

〈解答〉　下図参照

［2020年度出題］

学習のポイント

数を分けて余りの出る問題と、たし算・ひき算の問題です。①のような、余りの出る問題を学習する際には、絵の上に３種類のおはじきをケーキ、アメ、アイスに置きかえて置いた後、３人に１つずつ「山分け」するように分けながら取り除き、余った数を数えるようにすると、わかりやすいでしょう。理解できたら、頭の中で数えたり分けたりできるようにします。②のような数の増減の問題でも、最終的には数をイメージできるようにします。数を使って計算するのではなく、頭の中で数（本問の場合はリンゴの個数）を増やしたり、減らしたりするのです。最初はおはじきなどを使っても構いません。それぞれのやりとりで数がどうなるのか、という数の増減をしっかり捉えさせてください。

【おすすめ問題集】
Ｊｒ・ウォッチャー37「選んで数える」、40「数を分ける」

問題42　分野：図形（パズル）

〈準備〉　パズル

〈問題〉　①用意されたブロックを並べて、画用紙に描かれているのと同じ形を作ってください。この問題では、すべてのブロックを使います。
②用意されたブロックを並べて、画用紙に描かれているのと同じ形を作ってください。この問題では、使わないブロックもあります。

〈時間〉　各１分

〈解答〉　省略

［2020年度出題］

学習のポイント

ブロックを組み合わせてお手本と同じ形をつくる、パズルの問題です。このようなパズルの問題がスムーズに解けるかどうかは、具体物を使って演習した回数に比例する、と言っても過言ではありません。レゴ®ブロックなどの組み立てブロックを用いて、さまざまなものを作ってみる遊びから学ぶことも多くあります。また、日用品を並べてさまざまな形を作ることが好きなお子さまも多いですが、これも貴重な学習機会になります。図形の辺の長さを揃えたり、角度を合わせたりといった試行錯誤を繰り返す様子を見守ってあげてください。そしてお子さまが「できた」「わかった」という実感を得たときにはいっしょによろこんで、お子さまの学習意欲を向上させてください。

【おすすめ問題集】
Ｊｒ・ウォッチャー３「パズル」

家庭学習のコツ④　効果的な学習方法～お子さまの今の実力を知る

１年分の問題を解き終えた後、「家庭学習ガイド」に掲載されているレーダーチャートを参考に、目標への到達度をはかってみましょう。また、あわせてお子さまの得意・不得意の見きわめも行ってください。苦手な分野の対策にあたっては、お子さまに無理をさせず、理解度に合わせて学習するとよいでしょう。

☆目黒星美学園小学校

問題３４

①

②

③ ④

⑤

問題３５－１

日本学習図書株式会社

問題35－2

日本学習図書株式会社

問題３６

★	↑ → ←

♥	↑ → ←

問題37

☆目黒星美学園小学校

問題３８

日本学習図書株式会社

問題３９

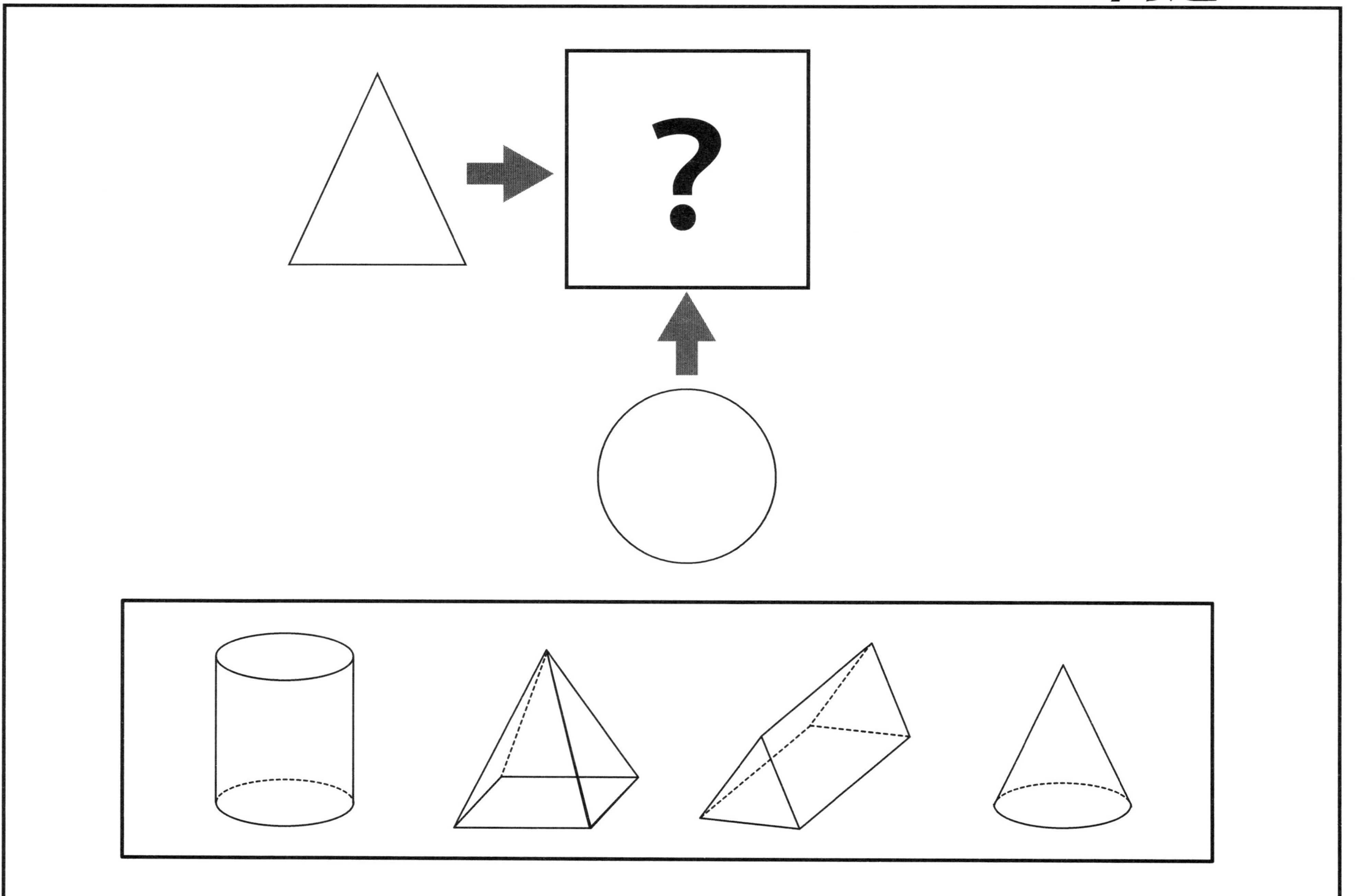

問題４０

			★			

☆目黒星美学園小学校

問題４１－１

問題41－2

日本学習図書株式会社

問題４２

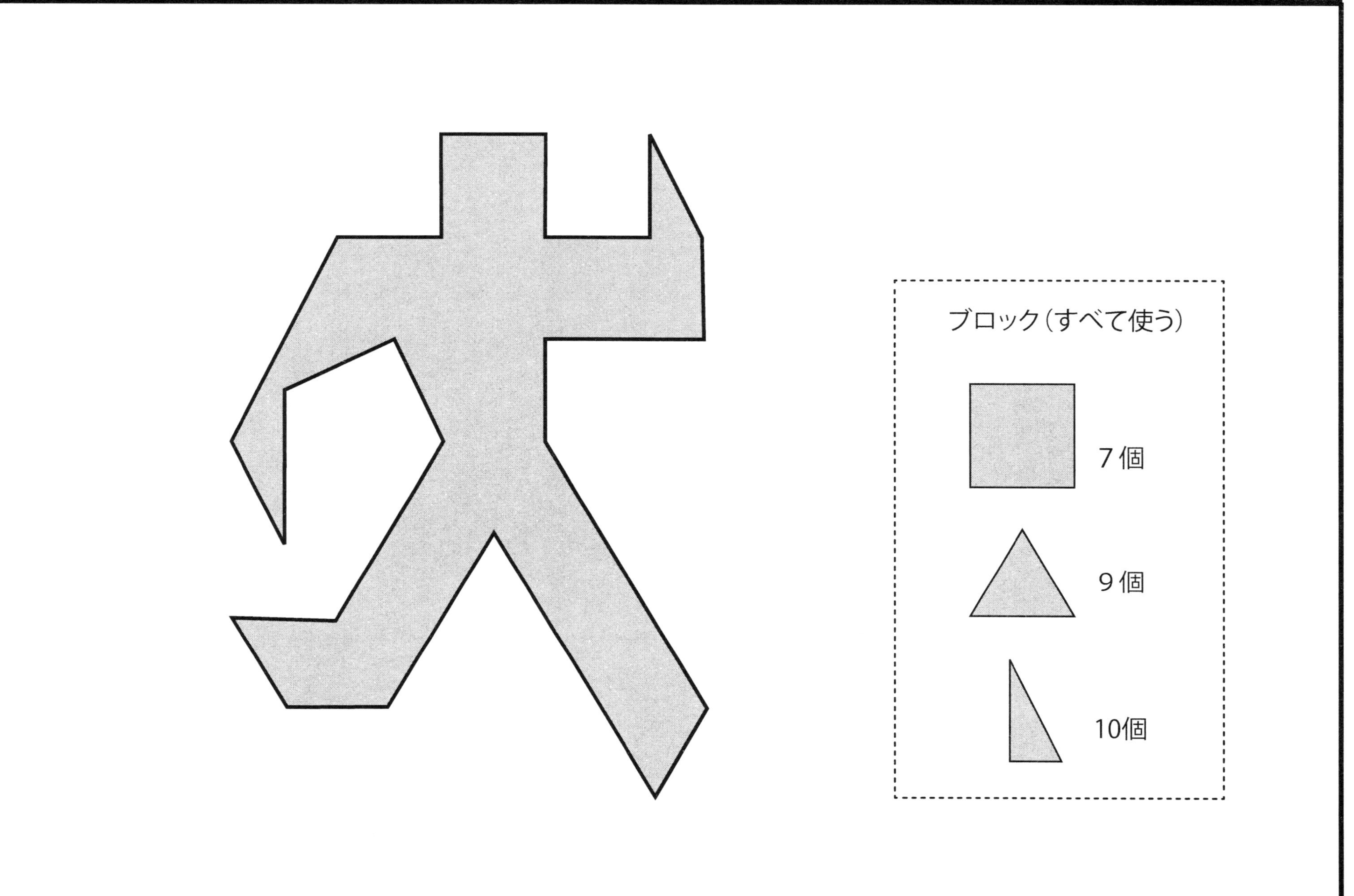

目黒星美学園小学校　専用注文書

年　　月　　日

合格のための問題集ベスト・セレクション

＊入試頻出分野ベスト３

1st　記　憶　聞く力　集中力

2nd　図　形　考える力　観察力

3rd　言　語　語彙力　知　識

各分野ともに基礎的な出題ですが、お話の記憶についてはお話が長いだけでなく、ひねった設問もあります。ある程度の準備が必要です。

分野	書　名	価格(税込)	注文	分野	書　名	価格(税込)	注文
図形	Ｊｒ・ウォッチャー３「パズル」	1,650円	冊	数量	Ｊｒ・ウォッチャー39「たし算・ひき算２」	1,650円	冊
図形	Ｊｒ・ウォッチャー５「回転・展開」	1,650円	冊	数量	Ｊｒ・ウォッチャー40「数を分ける」	1,650円	冊
推理	Ｊｒ・ウォッチャー６「系列」	1,650円	冊	数量	Ｊｒ・ウォッチャー47「座標の移動」	1,650円	冊
図形	Ｊｒ・ウォッチャー８「対称」	1,650円	冊	図形	Ｊｒ・ウォッチャー48「鏡図形」	1,650円	冊
図形	Ｊｒ・ウォッチャー10「四方からの観察」	1,650円	冊	言語	Ｊｒ・ウォッチャー49「しりとり」	1,650円	冊
常識	Ｊｒ・ウォッチャー11「いろいろな仲間」	1,650円	冊	巧緻性	Ｊｒ・ウォッチャー51「運筆①」	1,650円	冊
常識	Ｊｒ・ウォッチャー12「日常生活」	1,650円	冊	巧緻性	Ｊｒ・ウォッチャー52「運筆②」	1,650円	冊
数量	Ｊｒ・ウォッチャー16「積み木」	1,650円	冊	図形	Ｊｒ・ウォッチャー53「四方からの観察 積み木編」	1,650円	冊
言語	Ｊｒ・ウォッチャー17「言葉の音遊び」	1,650円	冊	常識	Ｊｒ・ウォッチャー55「理科②」	1,650円	冊
言語	Ｊｒ・ウォッチャー18「いろいろな言葉」	1,650円	冊	言語	Ｊｒ・ウォッチャー60「言葉の音（おん）」	1,650円	冊
記憶	Ｊｒ・ウォッチャー19「お話の記憶」	1,650円	冊		新口頭試問・個別テスト問題集	2,750円	冊
常識	Ｊｒ・ウォッチャー27「理科」	1,650円	冊		１話５分の読み聞かせお話集①・②	1,980円	各　冊
数量	Ｊｒ・ウォッチャー38「たし算・ひき算１」	1,650円	冊		お話の記憶問題集 上級編	2,200円	冊

合計	冊	円

（フリガナ） 氏　名	電　話 ＦＡＸ E-mail
住 所　〒　　　－	以前にご注文されたことはございますか。 有　・　無

★お近くの書店、または記載の電話・FAX・ホームページにてご注文をお受けしております。
電話：03-5261-8951　FAX：03-5261-8953　代金は書籍合計金額＋送料がかかります。
※なお、落丁・乱丁以外の理由による商品の返品・交換には応じかねます。

★ご記入頂いた個人に関する情報は、当社にて厳重に管理致します。なお、ご購入の商品発送の他に、当社発行の書籍案内、書籍に関する調査に使用させて頂く場合がございますので、予めご了承ください。

日本学習図書株式会社
http://www.nichigaku.jp

家庭学習をトータルサポート！ ニチガクのオリジナル 効果的 学習法

1 まずはアドバイスページを読む！

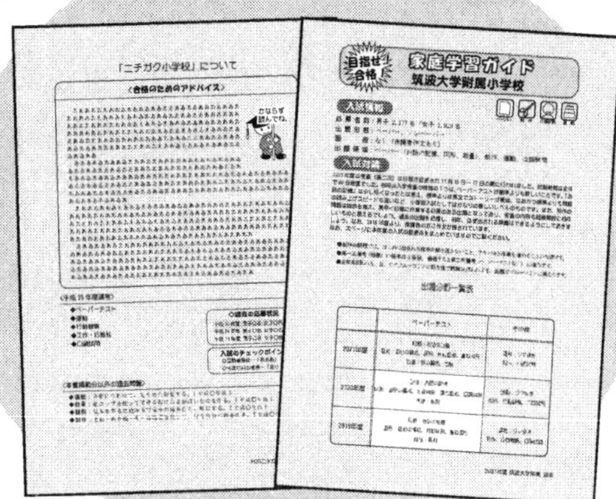

ピンク色です

対策や試験ポイントがぎっしりつまった「家庭学習ガイド」。分野アイコンで、試験の傾向をおさえよう！

2 問題をすべて読み、出題傾向を把握する

3 「学習のポイント」で学校側の観点や問題の解説を熟読

4 はじめて過去問題にチャレンジ！

5 プラスα 対策問題集や類題で力を付ける

過去問のこだわり

最新問題は問題ページ、イラストページ、解答・解説ページが独立しており、お子さまにすぐに取り掛かっていただける作りになっています。
ニチガクの学校別問題集ならではの、学習法を含めたアドバイスを利用して効率のよい家庭学習を進めてください。

各問題のジャンル

問題7 分野：図形（図形の構成） Aグループ男子

〈解答〉 下図参照

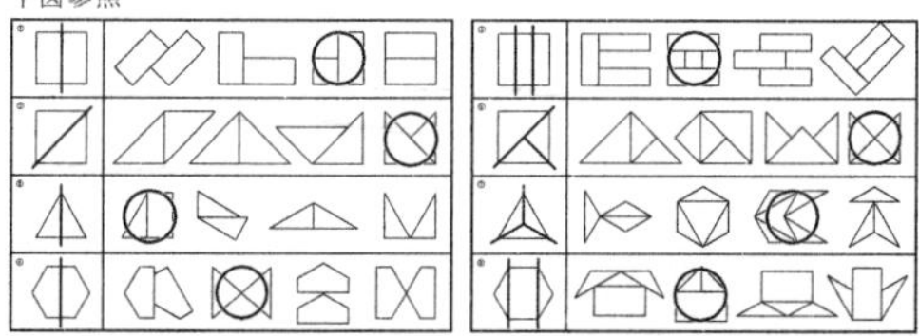

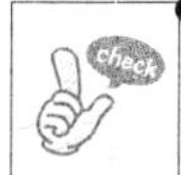

図形の構成の問題です。解答時間が圧倒的に短いので、直感的に答えないと全問答えることはできないでしょう。例年ほど難しい問題ではないので、ある程度準備をしたお子さまなら可能のはずです。注意すべきなのはケアレスミスで、「できないものはどれですか」と聞かれているのに、できるものに○をしたりしてはおしまいです。こういった問題では基礎とも言える問題なので、もしわからなかった場合は基礎問題を分野別の問題集などでおさらいしておきましょう。

【おすすめ問題集】
★筑波大附属小学校図形攻略問題集①②★（書店では販売しておりません）
Jr・ウォッチャー9「合成」、54「図形の構成」

学習のポイント

各問題の解説や学校の観点、指導のポイントなどを教えます。
今日から保護者の方が家庭学習の先生に！

おすすめ対策問題集

分野ごとに対策問題集をご紹介。苦手分野の克服に最適です！
＊専用注文書付き。

2022年度版 青山学院初等部 目黒星美学園小学校 過去問題集

発行日 2021年10月13日
発行所 〒162-0821 東京都新宿区津久戸町 3-11-9F
日本学習図書株式会社
電 話 03-5261-8951 ㈹

ISBN978-4-7761-5345-0

C6037 ¥2000E

9784776153450

定価 2,200円
(本体 2,000円＋税 10%)

1926037020004

詳細は http://www.nichigaku.jp 日本学習図書 検索